Agir et penser comme LA REINE D'ANGLETERRE

Direction éditoriale : Stéphane Chabenat
Éditrice : Zoé Laboret
Conception graphique de la couverture : olo.éditions
Correction : Magali Vidal
Conception graphique de l'intérieur : Soft Office

Les Éditions de **l'Opportun**
16, rue Dupetit-Thouars
75003 Paris
www.editionsopportun.com

Dorica Lucaci

Agir et penser comme LA REINE D'ANGLETERRE

Les Éditions de l'**Opportun**

À Magali

Sommaire

II. LE QUOTIDIEN D'UNE REINE

III. UNE FEMME SANS POSTURE NI ARTIFICES

IV. DU POUVOIR APPARENT À UNE INFLUENCE RÉELLE

V. LA REINE ET LE MONDE

Elizabethmania

Elizabeth II, championne du monde de la royauté

Elle devait être un membre secondaire de la famille royale, mais le hasard – ou le destin, si vous préférez – en a fait la plus mythique des souveraines européennes – que dis-je ?, une icône planétaire ! Depuis près de soixante-dix ans, elle règne sur le Royaume-Uni et sur quinze États du Commonwealth (qui en compte cinquante-quatre).

Quand Lilibeth est devenue Elizabeth, la deuxième du nom, tout s'est emballé et, aujourd'hui, les superlatifs la concernant s'enchaînent : la femme la plus célèbre au monde, le monarque britannique au plus long règne, le quatrième plus long règne de l'histoire*… Elle a effectué mille visites officielles, a connu des centaines de chefs

* Après le roi de Thaïlande Rama IX, le prince du Liechtenstein Jean II et le roi de France Louis XIV.

d'État, dont douze présidents américains et dix français. Je n'ose imaginer le nombre de mains qu'elle a dû serrer ou de discours qu'elle a dû tenir.

Personne ne sait ce que la reine pense vraiment

Tous les témoignages des biographes vont dans le même sens : la reine ne se confie jamais. Alors, est-elle drôle et sensible ou rigide et impitoyable ? Quelle est sa véritable personnalité ? Et pourquoi est-elle si populaire ?

Le mystère qui l'entoure vient de cette règle absolue de la monarchie : le secret. Une deuxième y est étroitement liée : la reine ne doit choquer personne. Bien sûr, les règles à respecter sont légion dans la famille royale, étiquette oblige. Et Elizabeth II semble s'en acquitter merveilleusement.

Quel est son secret ?

Que l'on s'intéresse ou pas à la monarchie, on connaît toujours un certain nombre de choses sur la souveraine britannique, ne serait-ce que sa passion pour les chevaux et les corgis, ses chapeaux originaux, ses excentricités ou ses records. Vous ouvrez ce livre par curiosité, certes, mais peut-être moins pour élargir votre connaissance de ce grand personnage que pour l'approcher d'une autre façon. Faire un bout de chemin avec elle, porter un regard drôle ou attendri sur ces années écoulées, en profiter aussi pour se poser quelques bonnes questions et, pourquoi pas, en tirer des résolutions…

La question qui me vient en premier se rapporte à sa grande capacité d'adaptation : en près de soixante-dix ans de règne, la reine en a vu des choses et connu des tempêtes ! Pourtant, elle a toujours tenu bon avec détermination et, souvent, avec humour. « Je suis toujours là… », répète-t-elle, non sans malice.

Être à ce point connue et exposée comporte aussi des inconvénients. Alors, comment s'y prend-elle pour ne jamais fléchir ? Où puise-t-elle son énergie ? Quel est son secret ?

Êtes-vous prêt à vous laisser inspirer par la reine d'Angleterre ?

I.
PETITE PRINCESSE DEVIENDRA REINE

On peut se soucier d'être économe, même quand on est la reine d'Angleterre !

Quelle différence entre Royaume-uni, Grande-Bretagne et Irlande du nord ?

Et moi, je suis la reine d'Angleterre ! Peut-être avez-vous déjà employé cette expression pour mettre en doute les propos de votre interlocuteur. Et il y en a une autre, tout aussi savoureuse, quand on veut signaler qu'on n'a pas de pouvoir, qu'on ne décide pas de tout, à quelqu'un qui prétend le contraire et qui… *se prend pour la reine d'Angleterre* ! Oui, mais il y a un hic. Entre Angleterre, Grande-Bretagne et Royaume-Uni, de quoi est-ce qu'on parle vraiment ? Ces trois noms prêtent parfois à confusion.

Avant tout, commençons par les mettre en relation : Royaume-Uni de Grande-Bretagne et d'Irlande du Nord. Quatre nations – l'Angleterre, l'Écosse, le pays de Galles et l'Irlande du Nord – composent donc ce Royaume-Uni, tandis que la Grande-Bretagne est une dénomination géographique et historique désignant l'île principale, formée par l'Angleterre, le pays de Galles et l'Écosse, c'est-à-dire trois des quatre nations qui constituent le Royaume-Uni, auxquelles s'ajoutent la plupart des territoires insulaires contigus, excepté l'île de Man et les îles Anglo-Normandes. Ces dernières ne font pas partie du Royaume-Uni mais ont prêté allégeance à la Couronne d'Angleterre.

Vous voyez, parler de « reine d'Angleterre » n'est pas tout à fait juste. Nous devrions dire « reine du Royaume-Uni ». Cela dit, la reine… d'Angleterre ne s'en est pas encore plainte.

« *J'espère que vous êtes ravis d'avoir une petite-fille…* »

C'est ainsi que le prince Albert, jeune père, annonçait au roi George V et à la reine Mary la naissance de sa première fille, Elizabeth. Lorsque celle-ci vient au monde, le 21 avril 1926, elle n'est que troisième en rang de succession au trône, après David, le prince de Galles, héritier de la Couronne, et Albert, son père, frère du précédent. Et c'est sans compter la ligne de succession directe du premier, une fois qu'il se serait marié, ni d'ailleurs la possibilité que le second ait un jour un fils (qui passerait alors devant sa sœur). Cette position « modeste » valut donc à la petite « Lilibeth » (les membres de la famille royale ont tous un surnom) une enfance insouciante d'un château à l'autre – ses préférés sont celui de Windsor, à Londres, celui de Sandringham, dans le Norfolk, et celui de Balmoral, en Écosse, terre de sa famille maternelle.

En 1930, une petite sœur, Margaret Rose, arrive dans la famille. Elle et l'aînée, Elizabeth, seront très proches et le resteront toute leur vie, jusqu'à la mort de Margaret en 2002.

Une famille aimante et équilibrée

Peu portés sur la vie mondaine, les parents sont très présents dans la vie de leurs fillettes, qu'ils entourent d'un amour plein de tendresse. À Londres, ils vivent entre deux résidences, Windsor et Piccadilly. Cette dernière, près de Hyde Park Corner, tout près de Buckingham Palace, est la préférée du duc, qui l'a fait aménager selon ses goûts. Elle sera malheureusement détruite par un bombardement pendant la Seconde Guerre mondiale. Le duc et la duchesse d'York y passent la plupart de leurs repas en famille, et la duchesse s'occupe personnellement de l'éducation des fillettes, dans un esprit de générosité et de respect des autres.

« Margaret me rend joyeux, Elizabeth me rend fier »

Le duc d'York adore sa femme et ses enfants. Il semble avoir une petite préférence pour la benjamine, mais la grande suscite son admiration et sa fierté.

Selon les différents témoignages, Elizabeth est soigneuse, appliquée, réfléchie, d'une méticulosité excessive… Il lui arrive parfois de se réveiller la nuit pour s'assurer d'avoir bien rangé ses vêtements ou ses chaussures pour le lendemain. Elle a même l'habitude de récupérer l'emballage de ses cadeaux. Avoir le sens de l'économie était très apprécié à la Cour, où cette habitude passait pour une qualité. Hum ! Je parie que certains seraient même tentés d'y voir une vertu écolo avant l'heure : la petite princesse faisait-elle du recyclage ?

Grattez un peu le vernis de vos souvenirs d'enfance, et vous pourriez vous découvrir des ressemblances avec la petite Lilibeth. Ce penchant « économique », vous l'avez peut-être eu aussi. Ne vous est-il jamais arrivé d'être littéralement conquis – que dis-je ?, émerveillé – par un cadeau très joliment présenté ? Puis, une fois ce contenant flatteur ouvert et le contenu dévoilé, n'avez-vous pas regretté ce court instant d'excitation qui avait précédé son dépaquetage, ce moment où il se trouvait encore intact entre vos mains et que la surprise de sa découverte était encore à venir ? Impossible, pourtant, de revenir en arrière. Pourquoi ne pas en garder une trace ? Et pourquoi ne pas essayer de le réitérer en devenant à votre tour cette personne généreuse, capable de susciter surprise et joie chez quelqu'un ? L'emballage de son cadeau lui appartenant dorénavant, l'enfant l'associe au bon souvenir et se persuade d'arriver à faire, à son tour, une surprise tout aussi délicieuse à l'un de ses proches. Le « sens de l'économie » associé à ce geste relève davantage, me semble-t-il, d'un élan de générosité – certes un peu naïf – qu'une fine pointe de nostalgie vient tempérer. Et c'est plutôt rassurant, ne trouvez-vous pas, que notre princesse partage ce trait avec la gent espiègle des enfants !

Abominable vol de cacahuètes

Cela dit, aujourd'hui encore, la reine n'aime effectivement pas jeter l'argent par les fenêtres ! Plusieurs anecdotes l'attestent.

Ainsi, selon Clive Goodman, ancien correspondant auprès de la famille royale pour le magazine *News of the World*, Elizabeth n'aurait guère apprécié que les officiers chargés de sa protection se servent dans les bols remplis de mélanges apéritifs disposés dans les couloirs du palais de Buckingham et destinés aux invités. L'épisode aurait eu lieu au moment du mariage du prince Charles avec Camilla Parker. La reine aurait alors fait marquer les saladiers pour surveiller le niveau des friandises !

De son côté, Angela Kelly, la couturière de la souveraine, décrit une femme modeste aux goûts simples : sur les 775 pièces de son immense palais, elle n'en utilise que six ; en outre, pour se faire confectionner ses vêtements, elle ne choisit guère les tissus les plus chers, mais cherche de préférence le bon rapport qualité-prix.

Selon Judy Wade, une autre spécialiste de la famille royale pour le tabloïd *Hello*, si la reine se montre économe, son comportement est judicieux puisque c'est le contribuable britannique qui supporte une partie des coûts générés par sa sécurité, ses voyages à l'étranger ou l'entretien de ses palais. Les vêtements sont conservés d'une génération à l'autre (les enfants portent les habits que leurs parents avaient portés) et on se montre responsable même quand il s'agit de petits objets du quotidien. Ainsi, en demandant à son fils, le prince Charles, de chercher dans les jardins la laisse de son chien, qu'il avait perdue lors d'une promenade, elle le responsabilise et lui apprend la valeur des choses.

Écoutez encore ces quelques exemples du mode de vie antigaspillage d'Elizabeth II : dans les résidences royales, toutes les ampoules sont basse consommation et les chasses d'eau réglées en mode écolo ; dans les écuries royales, les couches des chevaux sont faites avec de vieux journaux recyclés ; la préparation du dîner inclut parfois le citron (ou un autre ingrédient) qui n'a pas servi au déjeuner ; lors des manifestations officielles, Sa Gracieuse Majesté utilise encore des sacs à main ayant trente, voire quarante ans d'âge...

Je résume : bien que née dans une famille riche, la princesse est économe, un trait de caractère qu'elle gardera une fois reine. Évidemment, le mot « économe » est rassurant quand il est synonyme de « modéré »,

« prévoyant », « bon gestionnaire », etc., mais il nous rebute quand il évoque l'avarice, la mesquinerie, la cupidité, l'égoïsme. Il va donc sans dire que refuser le gaspillage et limiter raisonnablement ses dépenses n'exclut pas d'être généreux avec les autres et avec soi-même, bien au contraire.

L'éducation d'une future reine, une source d'inspiration pour l'école de nos enfants

« Comment, sir Hugh,
vous n'avez pas de classe aujourd'hui ?
– Non. M. Slender veut qu'on laisse les enfants jouer.
– Que son cœur en soit béni. »

William Shakespeare,
Les Joyeuses Commères de Windsor, acte IV, scène I.

Cet extrait est le début d'une scène comique dans laquelle un directeur d'école gallois teste les connaissances de son élève, William. Je ne pouvais faire l'impasse sur Shakespeare, le génie anglais par excellence… Vous ne me l'auriez jamais pardonné ! Heureusement, l'auteur de *Roméo et Juliette* et de *Macbeth* avait anticipé mon attente (!) en écrivant une délicieuse... comédie (eh oui, il n'a pas écrit que des tragédies), parmi les plus originales issues de sa plume et que je vous encourage à lire ou à aller voir au théâtre si vous en avez l'occasion.

Les Joyeuses Commères de Windsor

Situé à Windsor, dans le Berkshire, à quelques kilomètres à l'ouest de Londres, le plus ancien château du royaume – bâti par Guillaume le Conquérant au XIe siècle – surplombe la Tamise. Les princesses Lilibeth et Margaret ont toujours aimé s'y rendre le week-end. Pendant la guerre, la tour Brunswick, quoique non chauffée, est même devenue leur résidence en raison de sa solidité. Par la suite, Windsor s'est transformé en une sorte de maison de vacances de la famille royale, que la reine retrouvait avec bonheur quelques week-ends par an.

Comme on la comprend ! Cette imposante demeure a effectivement quelque chose de romanesque, qui fait que l'imagination s'envole en moins de temps qu'il ne faut pour le dire. Pour preuve, c'est là même que **Shakespeare** a placé la comédie des *Joyeuses Commères*, commandée – dit-on – par Elizabeth I *herself*. Celle-ci lui aurait demandé de faire « revenir » le personnage de Falstaff, issu de sa pièce *Henri IV*.

Sans quitter tout à fait l'atmosphère champêtre et féerique de la pièce de Shakespeare, retournons à notre époque. C'est justement à Windsor qu'Elizabeth II a récemment choisi de s'installer, délaissant Buckingham Palace. Aurait-elle voulu se rapprocher de ses plus beaux souvenirs ? Car les allées de la majestueuse forteresse médiévale et ses jardins sont témoins de tant de moments heureux: les parties de cache-cache avec leur père, le duc d'York, les fous rires lors du bain, l'émerveillement d'Elizabeth caracolant sur son poney... De plus, c'est désormais le lieu où repose le prince Philip, inhumé dans la chapelle du château.

Élevée « comme une enfant normale » (ou presque), Elizabeth eut une enfance heureuse, et croyez ce que vous voulez mais cela n'a pas de prix. Sans jamais être allée à l'école (cela changera avec la génération suivante, celle du prince Charles), la petite princesse recevait à domicile des cours d'histoire et d'anglais, complétés par l'apprentissage du français, que dispensait principalement l'institutrice Marion Crawford. Soit, en tout, environ huit heures de cours par semaine. Ce n'est pas beaucoup, me direz-vous, et je ne vous contredirai pas. Mais la petite princesse a su profiter de ce temps libre pour s'épanouir.

Adultes, nous sommes conscients que **ce temps de l'enfance n'est pas rattrapable**. Hélas, pour s'affirmer, certains traits de notre caractère ont besoin de cette liberté et de cette insouciance, dont nous privons aujourd'hui nos enfants en leur imposant des journées d'école de huit à dix heures. Entre la « petite semaine » de Lilibeth et l'école « vorace » d'aujourd'hui, il devrait bien y avoir un juste milieu pour permettre aux jeunes de se former de manière harmonieuse, pour qu'il y ait « une vie après l'école », avec la possibilité de jouer, de rêver, de s'ennuyer, de se promener, de rencontrer des amis, etc. Ce M. Slender, dans la comédie de Shakespeare, avait grandement raison !

Peut-être qu'un temps scolaire moins chargé – ou mieux réparti – permettrait à nos petits chérubins de profiter davantage de leur enfance pour apprendre à se connaître eux-mêmes et s'épanouir. Partagez-vous cet avis, cher lecteur ?

PORTRAIT D'ENFANCE

On décrit la petite Lilibeth comme une enfant calme, dont le sérieux, le sens de l'ordre, voire un certain goût pour la routine, déstabilisaient parfois ses parents. Ces qualités que nous retrouverons plus tard chez la souveraine semblent donc innées. Toutefois, Marion Crawford, la gouvernante des princesses, décrit une scène moins conventionnelle, qui s'éloigne de ce portrait idéal : « Un jour qu'elle s'ennuyait ferme pendant le cours de mademoiselle, Lilibeth s'est emparée du gros encrier en argent posé sur le bureau et se l'est renversé sur la tête ! »

Vivre en accord avec ses convictions, comme la reine d'Angleterre

La conduite de la famille royale pendant la Seconde Guerre mondiale a été exemplaire et illustre son attachement à montrer la voie malgré le danger. Ainsi, pendant le *Blitz*, ils multiplient les visites dans les quartiers bombardés pour remonter le moral de la population, et lorsque le palais de Buckingham est à son tour endommagé, le 8 septembre 1940, la mère d'Elizabeth II prononce cette phrase mémorable : « Je vais pouvoir regarder les gens de l'East End dans les yeux. » George VI, lui, limite la consommation d'eau chaude pour la famille royale en traçant à l'intérieur des baignoires une ligne à ne pas dépasser.

Mais surtout la famille reste unie autour de son peuple, refusant de quitter le pays pour se mettre à l'abri. Quand l'épouse de George VI rejette la possibilité d'évacuer les princesses au Canada, elle tient cette autre réplique inoubliable : « Les enfants ne peuvent partir sans moi, et moi je ne peux quitter le roi. Et le roi n'abandonnera jamais le pays. » Il faut reconnaître que la mère de la future Elizabeth II avait le sens de la formule. En tout cas, ces propos (qui n'étaient pas vains, puisque la famille royale est restée digne et courageuse jusqu'au bout du conflit) ont eu sur moi un effet certain.

Les chiens ne faisant pas des chats, Lilibeth, quatorze ans, participe le 13 octobre 1940, malgré les raids aériens, à l'émission *Children's Hour* (L'Heure des enfants), pour réconforter et soutenir moralement la population : « Nous savons que tout cela se passera bien. »

Un peu plus tard, à dix-huit ans, la princesse apprend à conduire et à réparer des véhicules. Sous le matricule 230873, Elizabeth Alexandra Mary Windsor rejoint l'armée de réserve et devient mécanicienne et conductrice d'ambulance.

Vivre en accord avec ses convictions est une qualité qui se perd. **Si la cohérence entre nos idées et notre existence ne nous préoccupe plus, c'est peut-être parce que nous sommes devenus trop pragmatiques, et même parfois mercantiles.** Alors l'intransigeance, les valeurs… on continue d'en parler, mais le sens de ces mots se dilue tous les jours un peu plus. C'est bien dommage car c'est sur ces valeurs que notre civilisation s'est bâtie et c'est par elles que nous sommes devenus ceux que nous sommes.

« CETTE SOIRÉE FUT LA PLUS MÉMORABLE DE MA VIE. »

Cette phrase prononcée par Elizabeth II a-t-elle attisé votre curiosité ? Évidemment, j'ai en tête la curiosité bienveillante, humaniste autant qu'humaine, qui s'éveille au plus profond de chacun d'entre nous lorsque nous voulons apprendre, grandir, nous élever au-dessus du bavardage insignifiant et du quotidien routinier.

Comment désigne-t-on ou reconnaît-on le moment inoubliable, le plus fort, le plus intense d'une vie ? Inspirons-nous, une fois de plus, de la conduite de la bonne reine !

En ce qui la concerne, Elizabeth situe ce moment au début du mois de mai 1945, le jour même où la Seconde Guerre mondiale s'achève en Europe. Ce jour-là, la joie est immense, la famille royale et le Premier ministre Winston Churchill sont frénétiquement applaudis par les Britanniques. Mais pourquoi cet enthousiasme populaire – bien que justifié – a-t-il à ce point impressionné la princesse ?

Certes les acclamations au balcon de Buckingham Palace l'ont touchée, mais plus encore le fait qu'elle partage les sentiments de soulagement et de joie de vivre que la fin de la guerre et le retour à la paix suscitent chez le peuple anglais. *And last but not least*, Elizabeth et Margaret sont autorisées, ce soir-là, à participer à la fête populaire. Elles se mêlent donc à la foule, sans garde du corps. Et ces quelques heures de vie « normale », au milieu des gens (qui ne reconnaissent pas toujours les deux princesses), resteront gravées à jamais dans sa mémoire.

Et vous-même ? Où s'arrêterait le regard rétrospectif que vous porteriez sur votre vie ? Quel est le moment béni entre tous où vous avez vibré et dont le souvenir vous est resté intact ?

Se connecter à la nature, en s'inspirant de la reine d'Angleterre

Les chevaux sont une grande passion chez Elizabeth. Tout ce qui touche de près ou de loin à ce noble mammifère l'intéresse et l'intéressera toujours : équitation, bien sûr, mais aussi élevage, courses hippiques, etc. On ne s'en étonnera pas lorsqu'on sait qu'elle fut initiée à l'équitation dès ses trois ans et demi, sous la supervision de ses parents. Et George V, ou plutôt « grand-père Angleterre », comme la petite se plaisait à l'appeler, s'empressa de lui offrir, pour ses quatre ans, son premier poney : Peggy. C'est le début d'une série de cadeaux « équins » qui la raviront toujours autant.

Il y a peut-être, dans cet amour que, depuis tout temps, les têtes couronnées ont porté aux bêtes (chiens et chevaux, le plus souvent), une contrepartie à la solitude et à la tension de leur charge, un pendant à l'étiquette et à un certain vide émotionnel. Si les deux sœurs, Elizabeth et Margaret, sont très complices et que la vie familiale est des plus confortables, les amis du même âge manquent souvent à l'appel. La proximité des animaux et de la nature vient donc compenser cette absence, et parfaire un tableau globalement heureux.

Les corgis royaux

Le duc d'York, père d'Elizabeth et futur George VI, achète le premier corgi royal en 1933, et c'est grâce à cet élevage que la race sort de l'anonymat. Jusqu'à quarante chiens – labradors, corgis et dorgis (croisement de corgi et de teckel) – sont toujours accueillis et élevés à la cour, pour le plus grand plaisir de la famille royale.

Il paraît d'ailleurs que, longtemps auparavant, la reine Elizabeth ne rechignait pas à débarbouiller elle-même ses corgis au retour d'une balade où ils auraient patouillé. Elle a également perpétué la façon de les nourrir, en continuant de mélanger elle-même les ingrédients pour leur repas, comme elle avait appris à le faire avec sa sœur pendant leur enfance. Et, comme naguère, chaque chien reçoit sa part par ordre de préséance.

Passer régulièrement du temps dehors, au milieu de la nature, s'intéresser à la vie plus généralement (et pas seulement à la nôtre), prendre du plaisir à observer les animaux et à s'en occuper... tout ceci nous déstresse et nous fait du bien. Et puis c'est également une manière agréable de se connecter au monde, de cultiver des valeurs positives comme la bonté, la douceur, la bienveillance... Être « aimable », c'est-à-dire digne d'être aimé, est une qualité qui se façonne tous les jours.

Je vous invite aussi à méditer la définition du bonheur de la reine Elizabeth II : « Si je n'avais pas été qui je suis, j'aurais voulu être une dame vivant à la campagne, entourée de nombreux chevaux et chiens. » Tout est dit.

VISER L'HARMONIE INTÉRIEURE

La reine d'Angleterre est une personnalité secrète : personne ne sait ce qu'elle pense vraiment, ce qu'elle ressent. Elle cache ses émotions, s'entourant ainsi de mystère. On l'admire pour sa détermination et sa sobriété, on vante sa fidélité à son peuple et sa conscience professionnelle, et on n'en finit pas de s'étonner de la façon dont elle assume ses tâches depuis tant d'années. Elle incarne ainsi la stabilité de la nation britannique, une qualité que même ses sujets les moins convaincus par la monarchie lui reconnaissent. Comment fait-elle ? Qu'est-ce qui lui donne cette force ? Plus généralement, qu'est-ce qui rend estimable une mission au point de lui vouer son existence entière ?

Rappelons tout d'abord le premier engagement de la future Elizabeth II à l'égard du Commonwealth. C'était en 1947. Elle n'était pas encore mariée et accompagnait ses parents et sa sœur Margaret dans un voyage en Afrique du Sud. Le 21 avril 1947, jour de ses vingt et un ans, au Cap, elle prononça son premier discours de princesse héritière: « Je déclare devant vous tous que toute ma vie, qu'elle soit longue ou courte, sera dédiée à votre service et au service de notre grande famille du Commonwealth, empire auquel nous appartenons tous. »

Par la suite, en tant que reine, elle réitérera sa promesse et vantera l'importance du « dévouement désintéressé et du sens du devoir » que, jeune femme, elle avait déjà soulignée. Par conséquent, ce qui peut nous apparaître comme une contrainte était pour elle – et l'est toujours – un impératif consenti de bonne grâce, voire une nécessité. Il me semble ainsi vraisemblable que la reine trouve son bonheur dans l'accomplissement de la tâche qu'elle s'est donnée. Et nous pourrions nous en inspirer.

La satisfaction devant ce que l'on accomplit, notre joie dans la vie dépendent de notre motivation intrinsèque et de notre capacité à contrôler et à influencer ce qui se passe dans notre conscience. Donc de l'interprétation que nous donnons aux événements qui composent notre quotidien. Pour autant, **vivre en accord avec soi-même ne consiste pas simplement à dresser une liste de choses à faire ou à ne pas faire**, mais implique une démarche intellectuelle propre à chacun afin de relier entre elles nos différentes expériences et en faire un ensemble significatif.

Cette nécessité de trouver *sa* voie est un pas important vers le bonheur, ce dernier constituant l'objectif de toute vie humaine. Depuis l'Antiquité (et sans doute bien avant), les philosophes n'ont cessé d'en chercher la « recette ». Et que nous apprennent-ils ? Aristote, Sénèque, Ignace de Loyola, Freud et d'autres grands penseurs se rencontrent en un point : il n'est pas bon de se soumettre aux aléas de l'existence mais il faut plutôt – en faisant fi des conditions extérieures – contrôler ses expériences émotionnelles, se maîtriser soi-même, chercher le sens de ses actions afin de s'approcher le plus possible de ce qu'on pense être le bonheur.

Belles paroles, brillants conseils ! Toutefois, puisqu'on ne peut choisir ni ses parents ni le milieu dans lequel on naît, et encore moins influencer les informations contenues dans nos gènes (et donc des qualités comme l'apparence ou l'intelligence...), comment imaginer qu'on ait la possibilité de contrôler quoi que ce soit ?

Nous avons pourtant tous fait l'expérience de ces « moments parfaits » où des événements simples (un morceau de musique, la contemplation d'un paysage, une conversation ou un partage, la réussite d'une tâche difficile) nous ont élevés au-dessus de la routine, nous révélant une intensité de vie exceptionnelle. Cette « plénitude » reste néanmoins ponctuelle, ces instants de grâce sont éphémères. Mais quand on est engagé dans une activité qui nous tient à cœur, qu'elle soit professionnelle ou non, les chances qu'on vive une telle « expérience optimale » augmentent.

Tant de gens n'aiment pas leur travail, s'ennuient pendant leur temps libre ou ne trouvent de réconfort nulle part, pas même auprès de leurs proches. Et parfois tout cela se cumule, alors qu'il suffit peut-être de modifier son regard sur sa vie et ses attentes pour réussir à voir les choses différemment.

Comment fait la reine pour ne pas s'ennuyer avec un emploi du temps si répétitif (voir p. 73 « Une journée-type d'Elizabeth II ») ? Difficile de saisir son secret. Nous sommes souvent demandeurs de « leçons de vie », et il nous arrive également d'en donner à notre tour afin de vaincre l'apathie et de (re)trouver l'enthousiasme et la joie. Alors, pour ne pas rabâcher des recommandations rebattues, certes joliment formulées mais pas toujours adaptées à celui ou celle qui les reçoit, tournons-nous encore une fois vers les maîtres spirituels de l'humanité, voulez-vous ?

« Donc voici le premier impératif : gardons-nous bien de suivre, à la manière des moutons, le troupeau de ceux qui précèdent en allant non pas vers où il faut aller, mais simplement où vont les autres. Car ***rien n'entraîne à de plus grands malheurs que de se conformer à la rumeur publique****, en estimant que les meilleurs choix sont ceux du plus grand nombre, de se laisser conduire par la multiplicité des exemples – cela parce que nous vivons non d'après la raison mais dans un esprit d'imitation. D'où cette énorme cohue de gens qui se précipitent les uns sur les autres. Ce qui se produit dans une grande bousculade, lorsque la foule s'écrase elle-même (ces paniques où personne ne tombe sans entraîner quelqu'un d'autre et où les premiers causent la perte des suivants), tu peux le voir survenir dans la vie en général : personne ne tombe dans l'erreur en ne se nuisant qu'à lui-même. »*

Sénèque, La Vie heureuse, *p. 17.*

Avant toute chose, il faut se tourner vers soi-même et scruter à la fois ses désirs et ses capacités. On peut faire face à tout, réussir tout, à la condition de ne pas se perdre dans les méandres d'un voyage qui ne nous convient pas. Ce refus de se laisser embarquer par la foule ne doit pas nous rendre arrogants, bien au contraire. On ne réussit jamais tout seul, soyez-en convaincu.

Savoir-vivre, trouver sa voie, mener à bien les charges qu'on s'est fixées… quelles tâches ardues et surtout interminables : on n'est pas très loin du rocher de Sisyphe ! Il faut juste – comme Sénèque nous met en garde – ne pas se tromper de rocher. Je vous invite donc à **vous poser des questions,** plein de questions, sur vos choix, vos engagements, l'actualité, le monde, enfin, **sur tout** ! Et **pour ne pas suivre naïvement la foule, comme un mouton de Panurge,** je vous encourage aussi à **continuer d'apprendre par tous les moyens, la culture étant un véritable bouclier**.

Le bonheur ne se réduit pas au plaisir, et il se place au-dessus de la joie. S'adapter à son environnement et se trouver une motivation intrinsèque (intérieure) pour mener à bien la mission qu'on s'est donnée – c'est-à-dire s'engager volontairement à la réaliser parce qu'elle vous intéresse réellement – me semble la forme de sagesse qui convient le mieux à notre temps.

Mener habilement sa vie publique, à l'instar de la reine d'Angleterre

Il ne faut pas croire qu'Elizabeth et sa sœur Margaret passaient inaperçues : loin de là ! Elles étaient jolies toutes les deux (ce détail est peut-être accessoire mais guère insignifiant) et représentaient tout de même la génération future de la monarchie. Ainsi, leur portrait sur une série de timbres lors du Jubilé d'argent du roi George V (le 6 mai 1935) fut un succès. Pour le même événement, les deux fillettes installées dans le carrosse royal, à côté de leur grand-père, furent acclamées par la foule et encensées par la presse. C'est une grande première pour la future reine.

Le décès de George V, roi populaire et apprécié par le peuple, change encore plus la donne. David, son fils aîné, lui succède sous le nom d'Edward VIII. Comme celui-ci n'est toujours pas marié et n'a donc toujours pas de descendance, Lilibeth (dix ans) accède à la deuxième place dans l'ordre de succession. Cela reste sans incidence sur le quotidien de la petite princesse. Et même la crise constitutionnelle qui suit ne semble pas l'atteindre. Eh oui, l'amitié, puis l'idylle du nouveau roi (dont le couronnement n'avait pas encore eu lieu) et de l'Américaine Wallis Simpson précipitent les choses. En effet, Wallis est deux fois divorcée et elle n'est pas une aristocrate, mais surtout elle a des relations amicales avec des diplomates nazis*. Edward VIII abdique donc le 11 décembre 1937.

Avec l'intronisation d'Albert, père de Lilibeth, la famille déménage à Buckingham Palace. Tout change. Et si vous vous sentez parfois à l'étroit dans votre maison ou dans votre appartement, sachez que la perspective de vivre « pour toujours » dans cette vaste demeure de plus de six cents pièces avait alors terrifié la princesse – devenue, si vous m'avez bien suivie, première dans l'ordre de succession au trône.

À partir de là, petit à petit, l'« Elizabethmania » se met en place : ses apparitions publiques sont toujours très remarquées. Depuis les porcelaines à son effigie dans les vitrines d'Oxford Street, jusqu'à la une de l'hebdomadaire américain *Time*, en passant par la statue de cire (sur un poney !) au musée Tussaud, Elizabeth (on ne parlera plus désormais de Lilibeth) commence à se familiariser avec son nouveau rôle de princesse héritière.

* Le couple se fait même photographier avec Hitler à Berchtesgaden, en 1937.

Son apprentissage est assuré par le haut fonctionnaire John Colville, son secrétaire particulier de l'époque, qui se démène pour la faire assister à une session parlementaire autour des affaires étrangères ou qui initie des dîners chez le Premier ministre Clement Attlee, afin d'améliorer sa connaissance du monde politique.

Côté vie privée, son mariage avec le prince Philip Mountbatten, le 20 novembre 1947, est historique. Malgré la météo peu favorable en ce début d'hiver d'après guerre, une foule en liesse est venue acclamer et partager la joie de la princesse héritière. Churchill compare ce mariage à « un éclair de couleur sur la route que nous devons suivre ».

Elizabeth connaît son premier succès diplomatique en France – son premier déplacement officiel à l'étranger. Paris est sous le charme de la « p'tite princesse d'Angleterre », et le président Vincent Auriol ne tarit pas d'éloges à son sujet. La grâce et la modestie de l'héritière britannique, qui parle un français impeccable, ont conquis le peuple français, comme le remarque – un brin ironiquement – l'ambassadeur du Royaume-Uni. De Versailles à Vaux-le-Vicomte en passant par Fontainebleau, les visites s'enchaînent. Soirée privée à la Tour d'Argent, musique et danse au cabaret Chez Carrère, rue Pierre-Charron, près des Champs-Élysées... Chacun de ses gestes est scruté, et l'on s'aperçoit qu'elle ne fait qu'effleurer sa coupe de champagne (mais oui, la duchesse d'Édimbourg est alors enceinte de son premier enfant, Charles).

Célébrité ou anonymat ?

« Il n'y a qu'une chose au monde plus désagréable que de faire parler de soi, c'est de ne pas faire parler de soi. »

Oscar Wilde, *Le Portrait de Dorian Gray*

Lorsque, en visite à Paris, le duc et la duchesse d'Édimbourg dînent à la Tour d'Argent, ils cachent à peine leur déception de se trouver dans un restaurant... désert : ils espéraient y découvrir les élégants et les élégantes de la Ville Lumière. Et lorsque, ensuite, ils passent leur soirée au cabaret, la clientèle, ou devrait-on dire le public, est triée sur le volet. Autrement dit, cela manquait d'authenticité.

Un peu plus tard, en 1949, lorsque Philip part servir dans la Royal Navy à Malte (il y sera sous les ordres de son oncle, le contre-amiral Louis Mountbatten), la future Elizabeth II rejoint son époux pour deux brefs séjours. Leur vie ressemble alors à celle de tous les couples : ils se promènent, font leurs courses, se baignent, pique-niquent, dansent, conduisent eux-mêmes leur voiture... Avec le recul, ces moments compteront parmi les plus beaux et les plus heureux de leur vie. Cette recherche de la « normalité », de l'anonymat, vous surprend-elle ? Un peu ? Beaucoup ?

Selon le moraliste Nicolas de Chamfort, être célèbre signifie « être connu de ceux que l'on ne connaît pas ». Et la quête de la célébrité – si emblématique de notre société moderne – passe généralement par le **culte de l'image**. Être vu, c'est être connu.

Sortir de l'anonymat anime désormais tout un chacun ; l'individualisme et l'exhibitionnisme (on expose sa vie de plus en plus facilement) deviennent presque des manières d'être. On ne se cache plus, on se montre. La vie privée sort de la sphère intime, et l'intime sert désormais à se faire connaître et reconnaître. Les jeunes sont les premiers à tomber dans ces écueils, mais ils ne sont pas les seuls, loin de là.

On pourrait, sans doute, opérer des distinctions, parler de célébrité réelle et de célébrité illusoire, de célébrité visible et de célébrité « virtuelle »... selon que le phénomène vise la vie réelle ou les réseaux sociaux, ou que les personnalités concernées appartiennent aux sphères artistique, scientifique, politique, etc.

Pour faire simple, je parlerai plutôt d'une « petite » et d'une « grande » célébrité. Ainsi, Elizabeth II fait partie de cette dernière catégorie, réunissant des personnalités mondialement connues, tandis que la première rallierait des personnes dont la popularité se limite à leur milieu (les notables d'une ville, les sportifs amateurs...).

Néanmoins, qu'elle soit « petite » ou « grande », **la célébrité déforme notre rapport à nous-mêmes et au monde**. Pour l'acquérir, nous essayons de donner de nous une image améliorée, fictive (car fabriquée pour séduire), et, ensuite, de faire croire qu'entre le spectacle que nous offrons de nous-mêmes et les coulisses (ce que nous sommes réellement) il n'y a pas de contraste, pas de différence. D'un côté, nous aspirons à la reconnaissance et avons besoin du regard d'autrui ; de l'autre, nous « consommons » les images de nos semblables dans une sorte de complicité intéressée : « J'aime ce que tu me proposes et j'espère qu'à ton tour tu aimes ce que moi, je te propose. » Plaire est donc devenu crucial.

À l'opposé, chercher l'anonymat – ou l'accepter – suppose, dans une certaine mesure, que l'on se retire de la vue de l'autre en se maintenant dans le groupe d'une manière silencieuse, discrète. L'absence de ce furieux désir de se faire connaître, l'indifférence à la gloire (même éphémère) impliquent modestie, discrétion et, surtout, force de caractère. On peut, de ce fait, avoir l'impression que ces personnes ne courent pas les rues.

Mais, paradoxalement, la grande célébrité et l'exposition constante peuvent aussi lasser l'individu, au point d'aspirer au calme et à la douceur d'une vie paisible, à l'abri du tumulte du monde.

Elizabeth joue parfaitement ce rôle de représentation, qu'elle consolide par la suite au Canada, aux États-Unis – où les photographes la mitraillent de leurs flashs et les journalistes ne la lâchent plus –, puis ailleurs dans le monde. Être vue, s'exprimer au nom de l'État, présider des cérémonies lors d'événements officiels devient désormais son quotidien. Ses discours s'enchaînent : et, si ses prises de position ne plaisent pas à tout le monde, on ne peut lui reprocher de ne pas en avoir. En 1949, elle dénonce le matérialisme de la société et vante le mariage devant *Mother's Union* (le Syndicat des mères). Dès lors, sa popularité ne cessera de grandir.

À la suite du décès de son père, en février 1952, Elizabeth deviendra reine. Son couronnement une année plus tard, le 2 juin 1953, sera diffusé à la télévision, marquant le début de l'âge médiatique. Première reine de l'image, Elizabeth II deviendra la femme la plus photographiée au monde. Sans parler de sa famille qui sera la plus médiatisée partout sur le globe. Mais n'allons pas trop vite, Elizabeth n'est pas encore reine, nous y reviendrons plus loin !

ÊTRE HUMBLE COMME

En 1944, la future Elizabeth II a dix-huit ans. Alors que son père, le roi, rend visite aux troupes britanniques en Italie, elle doit faire face à une situation inattendue : en son absence, en tant que membre du Conseil privé et héritière du trône, il lui revient de signer la condamnation à mort d'un criminel. Avouons que ce n'est pas insignifiant et que l'émotion de la jeune princesse est amplement justifiée.

Comment peut-on être préparé à cela ? Eh bien, on ne le peut pas ! La vie nous surprend en permanence, c'est le moins que l'on puisse dire. Chacun d'entre nous a connu ces choix difficiles qui engagent notre responsabilité et dont la réponse repose à la fois sur nos convictions et notre expérience. Les moments graves, on aimerait ne pas avoir à les vivre, mais ils forgent notre caractère et consolident nos valeurs. Ils nous obligent à réfléchir et parfois à nous remettre en question. Alors,

prenons exemple sur la jeune princesse qui exprime, en seulement deux phrases, l'essentiel :

> « Il y a sûrement moyen d'aider ces gens-là. J'ai encore tant à connaître de la nature humaine… »

Ainsi, pour trouver le moyen le plus approprié de sortir de la situation compliquée dans laquelle on se trouve, il faut cultiver en soi les valeurs de bonté et de générosité envers les autres ; le faire avec humilité, puisqu'il nous reste toujours tant à apprendre… Lorsqu'on est conscient de nos limites (humilité) et qu'on n'oublie pas que, dans l'équation, il y a toujours des êtres humains (générosité), on ne peut se tromper.

Mais attention toutefois à ne pas en faire trop. J'ajouterais, en effet, une sorte d'amendement à ce qui précède, même si l'humilité devrait fonctionner comme un garde-fou : **gardez votre esprit critique, votre**

lucidité, en toute circonstance. « L'enfer est pavé de bonnes intentions », nous apprend le dicton. Et l'histoire nous l'a maintes fois prouvé : tous les régimes totalitaires ont prétendu œuvrer pour le bien commun, avec les résultats que l'on connaît. Alors si vous vous trouvez dans une position de pouvoir, à votre travail ou dans votre groupe d'amis, voire en famille, ne perdez pas de vue les personnes qui vous entourent, qu'elles soient proches ou plus lointaines, aimables ou déplaisantes : elles comptent peut-être sur vous pour les soutenir, mais pas pour prendre des décisions à leur place. Ne vous enfermez pas dans vos certitudes et n'oubliez jamais que **c'est le doute qui éveille la raison**. Restez donc toujours **humble** en proposant vos solutions aux problèmes, **ouvrez-vous aux suggestions**, et surtout réfléchissez-y à deux fois avant de vous lancer…

Rester toujours digne, à la manière de la reine d'Angleterre

Ses biographes le disent tous : Elizabeth devient reine dans un arbre – le *treetops*, un figuier géant – au beau milieu de la forêt tropicale. Son règne commence alors qu'elle a vingt-six ans et qu'elle se trouve au Kenya, à six mille kilomètres de Londres. Avec son époux, Philip, ils sont logés à Sagana Lodge, première étape d'un voyage plus long sur les terres de la Couronne, dont faisaient partie la Nouvelle-Zélande et l'Australie. Au cœur du parc d'Aberdare, dans un environnement paradisiaque, l'héritière du trône britannique est ravie devant le spectacle des animaux sauvages : rhinocéros, éléphants… Mais une nouvelle tragique arrive : le roi George VI est mort dans son sommeil au manoir de Sandringham, d'un cancer de la plèvre.

Elizabeth doit faire face à la tristesse de la disparition de son père (avec qui elle était proche) et en même temps se préparer au devoir qui l'attend. La personne privée est fragilisée par la souffrance, mais la personne publique doit cacher cette fêlure et montrer sa force et sa détermination. Cela, Elizabeth sait le faire. Non seulement elle a été élevée à bonne école, mais c'est aussi dans son caractère. Elle est très digne et a une conscience « professionnelle » remarquable. Elle peut par ailleurs s'appuyer sur un mari aimé et aimant. Elle dominera parfaitement son chagrin.

Cette dualité entre la vie intime et la vie publique existe pour tout un chacun. Le visage que l'on montre aux autres ne colle jamais parfaitement à celui, plus authentique, que l'on a avec ses proches – et, parfois, uniquement pour soi-même. Ce n'est pas nécessairement une mauvaise chose. Cela ne traduit pas obligatoirement un conflit interne insurmontable.

Comment réagir dans une situation délicate ? Exaspéré par son enfant en pleine crise d'adolescence, ou bien en désaccord profond avec son patron ou devant le conseil de direction de sa boîte, faut-il toujours se montrer intransigeant ? Laisser librement s'exprimer notre opposition, même si cela peut desservir nos objectifs ? Doit-on plutôt se montrer compréhensif ? Voire recourir à des stratégies agissant aux dépens de la sincérité ? Autrement dit, s'agit-il de tomber le masque ou, au contraire, de le mettre ?

Ni l'un ni l'autre. Cela dépend de celui ou celle que vous êtes au plus profond de vous-même. Cherchez toujours le bon équilibre : pour vous-même d'abord, afin de conserver une bonne qualité de vie en harmonie avec vos principes et vos attentes ; et aussi pour les autres, quels qu'ils soient, qui s'attendent à ce que vous vous conduisiez dignement, de manière responsable, selon les fonctions que vous assumez et les tâches qui vous sont attribuées par la société.

Elizabeth ne s'est pas effondrée, elle n'a pas versé de larmes devant ceux qui se trouvaient avec elle au Kenya. Ni les photographes qui couvraient la visite, ni son secrétaire privé, ni même sa dame de compagnie n'ont pu déceler les traces de son émotion, mais on l'aurait entendue sangloter derrière la porte fermée de sa chambre.

ELIZABETH REGINA

Elizabeth II ne portera pas le titre d'impératrice, à la différence de son père. L'Empire britannique s'est en effet défait entre 1947 (la perte de l'Inde, qui se scinde en trois parties, dont le Pakistan et le Ceylan) et le milieu des années 1960.

QUELLE PLACE ACCORDER

Non seulement Elizabeth II sait rester digne en toute occasion, mais elle se garde également d'exprimer en public ses opinions personnelles, n'abordant alors que des sujets anodins, et toujours avec une retenue qui a désespéré plus d'un journaliste. Quelle leçon doit-on en tirer ?

L'importance de la **discrétion**, certainement. Sans aller aussi loin que la reine – les enjeux ne sont pas les mêmes pour nous que pour elle –, **faire preuve de retenue nous rendra toujours service.** Ne jamais réagir à chaud, se donner le temps de la réflexion, éviter d'exploser lorsqu'on est contrarié: ce n'est que du bon sens !

Soyons clair toutefois. **Il ne s'agit pas de bannir les émotions.** Celles-ci sont le moteur de notre vie intérieure. L'étymologie du mot *émotion* est en ce sens significative: le latin *emotere* signifie « se mettre en mouvement ». Et c'est parfaitement vrai que nous

À SES ÉMOTIONS ?

avançons dans la vie grâce à nos émotions ! Ce que nous accomplissons au jour le jour de façon… mécanique, les « automatismes » quotidiens, n'a que peu de valeur dans l'absolu. Ce qui compte, ce qui nous touche et nous révèle, ce sont les moments forts, intenses : ceux guidés par nos émotions.

Avez-vous remarqué que certains événements, voire des périodes entières de votre passé, n'ont laissé que peu de traces dans votre mémoire, alors que d'autres restent toujours très vivaces ? Eh bien, si vous considérez cela de plus près, vous verrez que ce sont les périodes marquées par les émotions fortes dont vous vous souvenez le mieux ; et celles toutes lisses et émotionnellement neutres vous échappent.

Pour autant, **aucune émotion n'est négative en soi** : éprouvée au bon moment et dans la bonne « dose », la colère peut nous tirer d'un embarras ; quand elle ne nous terrifie pas en nous empêchant de réfléchir, la peur nous prévient des dangers… Cependant, **lorsque l'excès intervient, les émotions deviennent dysfonctionnelles et se retournent contre nous.**

Alors, pour revenir à la conduite que s'est imposée la reine Elizabeth II, disons que la sagesse est de mise : prendre du recul, apprivoiser ses émotions, ne laisser paraître que ce que l'on a décidé de montrer… quel programme !

Notre vie en société, avec des devoirs multiples – qu'autrefois nos ancêtres n'avaient pas à assumer –, nous pousse à vouloir **comprendre nos émotions.** Il ne nous suffit plus de seulement les éprouver. Malheureusement, à trop analyser et disséquer nos ressentis, nous courons aussi **le risque de vivre des émotions « surfaites » au détriment de celles plus authentiques** : les clichés se substituent alors au vécu émotionnel naturel, et nous vivons en surface, trop occupés à reconnaître nos émotions et à les faire entrer dans un moule (pensée positive, compassion…). Dans ce domaine, comme dans tout le reste, les effets de mode existent et ils sont insatiables, voire tyranniques.

Alors comment faire pour ne pas se perdre dans cette nouvelle « querelle » ? **Peut-on vraiment connaître et commander à nos émotions ?** Je n'en suis pas si sûre et, même si nous le pouvions, dans quelle mesure serait-ce souhaitable ? Alors plutôt que de chercher à maîtriser parfaitement nos émotions, commençons donc par tenter de les apprivoiser !

Il n'y a pas de recette infaillible pour se familiariser avec ses émotions, ni même pour les comprendre d'ailleurs. Mais, ici aussi, je vous encourage à lire (ou à relire) les bons auteurs. C'est apaisant, et surtout cela fournit des armes efficaces contre les écueils et les « contrefaçons » rencontrés parfois sur les chemins entortillés de la vie. Les auteurs dits « classiques » – pour avoir fait leurs preuves au fil du temps – nous apprennent à penser, faisant ainsi de nous de vrais « soldats » de l'esprit. Sénèque ou Marc-Aurèle, Montaigne ou Pascal (ou d'autres encore, selon vos goûts) valent – croyez-moi – bien plus que la presse people. En les fréquentant, vous identifierez et développerez vos émotions et, à travers elles, vos capacités créatrices : imagination, intuition, inspiration…

Et si la maîtrise de soi (aujourd'hui assimilée à la maîtrise des émotions) vous semble un idéal inaccessible, ne vous découragez surtout pas. Par l'intelligence des situations que vous avez traversées, **votre propre expérience de la vie viendra s'ajouter à vos réflexions et à vos connaissances**, et vous apportera un éclairage en accord avec votre personnalité. Vous y associerez alors vos sens (goût, odorat, toucher, vue et ouïe) pour mieux faire la paix avec le monde et avec vous-même.

Décider librement et agir avec courage, comme l'a fait la reine d'Angleterre

À son avènement, le monarque britannique a le droit de choisir son prénom, un peu comme un religieux à la prise d'habit dans la tradition monastique. Ainsi, David, l'oncle d'Elizabeth, avait choisi celui d'Edward VIII. Albert, son père, avait opté pour celui de George VI, en hommage à son prédécesseur dont il entendait faire son modèle. Lorsque son tour arrive, Elizabeth décide de… garder le sien. « Pourquoi en prendre un autre ? »

Je voudrais attirer votre attention sur ce choix qui est doublement astucieux. D'abord, parce qu'il signifie le refus de toute rupture entre Lilibeth la princesse et Elizabeth la reine. Et la continuité, nous le savons, a du bon. La continuité (qui est persistance, conservation) mais aussi la continuation (qui est poursuite, confirmation). Ensuite, ce choix n'exclut pas l'affiliation au passé : en 1558 montait sur le trône d'Angleterre Elizabeth I, qui laissera le souvenir d'un long règne* économiquement prospère et artistiquement raffiné (musique, peinture, théâtre, orfèvrerie). Courageuse, déterminée, patriote, cette première Elizabeth l'a été, même si on n'oubliera pas non plus le cynisme et la manipulation dont elle a fait preuve en faisant exécuter, en 1587, sa cousine et rivale Marie Stuart, reine d'Écosse.

God Save the Queen

L'hymne national du Royaume-Uni – « Que dieu protège la reine » – et notre *Marseillaise* ont en commun d'avoir été écrits par des Français : certes, pas à la même époque, ni par le même auteur *a fortiori*, mais leur origine est française. Cocorico !

L'hymne britannique a été composé en 1686 par la duchesse de Brinon (1631-1701), supérieure de la Maison royale de Saint-Louis à Saint-Cyr, et mis en musique par Jean-Baptiste Lully (1632-1687), le fameux compositeur. Cette œuvre célébrait alors la guérison de Louis XIV, atteint d'une fistule anale.

Je vous raconte brièvement cet épisode. Le roi a quarante-sept ans quand l'abcès se déclare. De nombreux remèdes (emplâtres et suppuratifs) sont alors tentés pour le faire diminuer, et le roi envisage

* Elizabeth I a régné quarante-quatre ans, de 1559 (date de son couronnement) à 1603.

même de prendre les eaux de Barèges dans le sud de la France (il y renonce toutefois pour des raisons politiques). Rien ne fonctionne. L'intervention, risquée à l'époque, et gardée comme dernier recours, s'impose. Préparée en grand secret*, elle incombe au chirurgien Félix de Tassy, qui prend la tâche à cœur au point d'inventer un bistouri spécial, avec lame courbe, et le teste au préalable sur des malades des hôpitaux de Versailles.

La « grande opération » a lieu le 18 novembre à sept heures du matin, sans anesthésie. Je vous en épargne les détails. C'est malgré tout un succès. Par la suite, Louis XIV – dont on connaît l'art de la mise en scène – a exploité cet épisode à des fins politiques : rien, pas même la maladie, ne fait plier le roi de France ! Et c'est donc dans ce contexte que la chanson est créée.

Comment a-t-elle traversé la Manche ? Eh bien, vingt-huit ans plus tard, Haendel**, compositeur de la cour d'Angleterre, l'a entendue lors d'une visite à Versailles et, de retour dans son pays, l'a présentée à son roi sous le nom de *God Save the King* après en avoir fait traduire les paroles. En 1745, la chanson devient l'hymne du pays, avec la variante *God Save the Queen* lorsqu'une femme monte sur le trône...

* Une grande partie de l'Europe s'était alliée contre Louis XIV : la ligue d'Augsbourg. C'est la raison principale pour laquelle les rumeurs autour de la santé du roi devaient être gardées secrètes.
** Georg Friedrich Händel ou Haendel (1685-1759) est un compositeur allemand – naturalisé britannique en 1726 – de la fin de l'époque baroque, précurseur du romantisme en musique.

Garder les liens tout en s'élançant vers l'avant, respecter l'héritage du passé tout en prenant le risque de se renouveler… Il faut toujours du courage et de la détermination pour s'engager dans une direction ou une autre, pour prendre des décisions audacieuses, pour assumer ses actions. **Il faut du cran pour oser !**

Le couronnement, symbole de la légitimité du roi et de son droit à régner

Prêt pour un petit saut dans le temps ? Je vous convie au couronnement d'Elizabeth à l'abbaye de Westminster, le 2 juin 1953. C'est ici que, depuis 1066, tous les rois d'Angleterre ont été intronisés. Guillaume le Conquérant avait choisi ce lieu pour se faire couronner, le jour de Noël, en raison de la présence du tombeau de saint Édouard le Confesseur (v. 1003-1066).

Le sacre d'Elizabeth II a été autrement célèbre : filmé et regardé par trois cents millions de spectateurs, dans le royaume et le monde entier, il est devenu un événement-phare dans l'histoire de la télévision.

Elizabeth porte une robe de soie blanche, brodée de végétaux emblématiques des pays du Commonwealth* : rose anglaise, chardon d'Écosse, poireau du pays de Galles, trèfle irlandais, feuille d'érable canadienne, mimosa

* En 1952, il y avait huit États du Commonwealth ; aujourd'hui, du fait de la décolonisation, on peut en compter cinquante-quatre. Elizabeth II a accompagné cette transformation, tout en veillant à conserver l'unité de ces anciens territoires de l'Empire britannique.

d'Australie... N'oublions pas qu'elle est reine non seulement du Royaume-Uni, mais aussi du Canada, d'Australie, de Nouvelle-Zélande, de l'Union d'Afrique du Sud, du Pakistan et du Ceylan (l'actuel Sri Lanka).

Le rituel est saisissant. L'acclamation ou la reconnaissance (*recognition*) ouvre toujours la cérémonie : l'archevêque et les lords se tournent vers les quatre points cardinaux afin de présenter la reine à ses sujets. Celle-ci prononce le serment de gouverner les peuples de sa souveraineté. Ensuite vient la consécration par onction. C'est le point culminant, le plus solennel.

Quatre siècles auparavant, une autre Elizabeth, la première du nom, enlevait son manteau écarlate et enfilait une tunique en or et en argent afin de recevoir les huiles saintes sur la tête, à la poitrine et aux mains. Notre jeune souveraine ne veut pas que ce moment du sacre soit filmé tant elle le considère sublime, exaltant. À l'instar de son aïeule, elle retire sa cape de velours et d'hermine et met une robe blanche, simple. L'archevêque de Canterbury s'approche avec le saint chrême, contenu dans une ampoule d'or en forme d'aigle, et proclame : « Comme Salomon a été sacré roi par le prêtre Sadoq et le prophète Nathan, sois sacrée reine des peuples que le Seigneur ton Dieu t'a donnés à gouverner. »

La reine change une nouvelle fois d'habit : elle endosse une tunique en lin à manches amples, d'inspiration romaine. Elle s'assied sur le trône d'Edward VI pour recevoir les *regalia*, insignes de souveraineté : les deux **sceptres** (l'un à la croix, l'autre à la colombe) ; le **globe** ; les **épées**, qui symbolisent la défense de l'Église et du peuple : celles de la Justice temporelle (*Sword of Temporal Justice*), de la Justice spirituelle (*Sword of Spiritual Justice*) et de l'Offrande (*Sword of Offering*) ; les **bracelets** en or, inspirés peut-être des bracelets de Saül dans la Bible et symbolisant la sagesse ; les **éperons** (clin d'œil au rituel d'adoubement des chevaliers) ; l'**anneau**, symbole de la foi (celui porté par Elizabeth en 1953 avait été fabriqué en 1831 et avait appartenu à Guillaume IV ; il était orné d'un grand saphir surmonté d'une croix de rubis).

Dernier changement de tenue : la reine porte maintenant une cape en fils d'or et enfile un gant, censé symboliser la retenue dans le prélèvement fiscal. Les princes et les pairs du royaume lui présentent ensuite l'hommage vassalique, vieille coutume médiévale : le premier à le faire est Philip, duc d'Édimbourg, son époux.

Pendant cette cérémonie impressionnante, qui a duré près de quatre heures, Elizabeth a porté trois couronnes : elle entre dans l'abbaye avec le diadème de George IV ; ensuite, elle est sacrée avec la couronne de saint Édouard, qu'elle retire enfin pour se coiffer de celle dite « impériale d'État », plus légère (un kilo et demi tout de même !) mais fastueuse.

ÊTRE OU PARAÎTRE ?

« Il vaut mieux se faire détester pour ce que l'on est que de se faire aimer pour ce que l'on n'est pas. »

André Gide

Question complexe, n'est-ce pas, et dont le risque de se disperser est non négligeable : illusion-réalité, modes, duplicité, superficialité, relation à autrui… Mais de quoi vous parlerai-je ici ? Eh bien, je vais peut-être vous surprendre si je vous dis : de **l'espace disponible qui s'ouvre entre l'être et le paraître**, parce qu'il rend possible le jeu de la vie.

Je viens de vous raconter la cérémonie du sacre de la souveraine du Royaume-Uni, où le faste est de mise. Pourtant, je n'ai pas l'intention de vous entretenir du culte de l'apparence qui s'insinue dans de nombreux aspects de la société, mais plutôt de cet espace qui se crée entre ce que nous sommes et ce que nous montrons de

nous. Je vous entraîne, pour commencer, sur le terrain de l'étymologie : l'histoire, celle des mots comme celle des êtres, projette toujours une lumière particulière sur la réalité.

Paraître vient du latin « *pareo* », un verbe qui possède deux sens différents. À côté de son sens connu (« se montrer », « apparaître »), il signifie aussi « obéir », « se soumettre », « céder à ». **Quand on cherche à plaire aux autres à travers une apparence qui les séduise ou qui leur convienne, on cède donc à leur influence.** Cela se tient, n'est-ce pas ?

Cependant, cette influence n'est ni inévitable ni obligatoirement mauvaise. De plus, elle est la plupart du temps variable (cela dépend en grande partie de nous-mêmes). Dans certains cas, suivre le groupe, c'est se laisser manipuler, tandis que lui résister, c'est se voir exclure. Heureusement, cela n'arrive pas tout le temps.

Ce que je dis, c'est que nous pouvons retourner la pression qu'exerce la société sur nous, à la manière de la reine. Elle est timide mais paraît forte, voire intransigeante ; elle est réservée mais paraît accessible… Y a-t-il vraiment un gouffre entre ce qu'elle est et ce qu'elle montre ? Je n'en suis pas sûre. Car cet espace dont je vous parlais est une aire de liberté qui vous donne la possibilité de **vous positionner subtilement par rapport aux autres, sans pour autant vous trahir vous-même.**

II.
LE QUOTIDIEN D'UNE REINE

Une journée-type de la reine d'Angleterre

Nous avons tous nos petites manies et des rituels qui ponctuent nos journées et nous servent de repères. Je vous propose de découvrir à quoi ressemblait la journée d'Elizabeth II à Buckingham Palace pendant ses longues années de règne.

7 heures 30 – Réveil d'Elizabeth II

Sa femme de chambre lui apporte son thé Earl Grey sur un plateau en argent, ainsi que du lait provenant des vaches de l'élevage royal. Suivent la toilette (la hauteur de l'eau de son bain ne doit pas dépasser 18 cm !), puis l'habillage. Sa tenue l'attend déjà, préparée la veille par Angela Kelly, son habilleuse. Il ne reste que le brushing, rapide, avant de rejoindre la salle du petit déjeuner.

9 heures – *Breakfast*, un rituel qui ne change jamais

Salle à manger privée au premier étage. Que le spectacle – ou plutôt la journée – commence ! Un garde écossais en kilt joue de la cornemuse sous ses fenêtres pendant un quart d'heure. Ce cornemuseur accompagne Sa Majesté lors de ses séjours dans ses différentes résidences. Ce rituel, que le duc d'Édimbourg détestait, remonte au XIXe siècle.

Sur la table, toasts, marmelade d'oranges, flocons d'avoine, thé. La reine écoute les nouvelles sur la BBC et feuillette les quotidiens nationaux (notamment *Telegraph*, mais aussi *Racing Post*, la bible des courses hippiques). Quand le duc d'Édimbourg était encore en vie, ils échangeaient volontiers autour de l'actualité.

LE *FULL ENGLISH BREAKFAST*

En quoi consiste le petit déjeuner traditionnel anglais ? Tout d'abord, il faut compter diverses *cereals*, dont le porridge (bouillie d'avoine au lait). S'y ajoutent ensuite du bacon ou des saucisses, des œufs (*fried*, *scrambled*, *poached*, en omelette…), des galettes de pommes de terre (*hash browns*), des haricots (*baked beans*) à la sauce tomate *on toast*…

Mais ce n'est pas tout : parfois, des champignons frits, du poisson fumé (kipper ou haddock) ou encore du *black pudding* (boudin noir à l'orge ou à l'avoine) viennent en renfort.

Évidemment, on n'oubliera pas la touche sucrée pour terminer : des toasts beurrés (*brown* ou *white*) accompagnés de marmelade d'oranges.

Et pour faire passer le tout, on choisit entre thé, café et jus de fruits.

Si la lecture de ces lignes vous a légèrement effrayé, ou du moins impressionné, sachez qu'en semaine ce menu est toutefois considérablement allégé.

9 heures 30 (ou 10 heures, selon les sources) – La reine travaille

Le bureau où elle se trouve est spacieux, joliment décoré : murs vert menthe et or, cheminée beige et marron. Elle lit d'abord sa correspondance, attablée à son secrétaire Chippendale qu'elle a conservé avec fidélité depuis la fin de la guerre. Le calme de cette pièce, où elle se trouve la plupart du temps seule, entourée de quelques photos de famille, lui est nécessaire.

Deux pages portent ses messages aux secrétaires installés au rez-de-chaussée, mais aussi aux membres de sa famille en cas de besoin. Eh oui, il n'est pas question qu'ils importunent la reine à n'importe quel moment : même ses enfants et petits-enfants sont convoqués ou doivent prendre rendez-vous.

Je ne sais pas vous, mais moi, je suis de loin plus « accessible » – et interrompue – que la souveraine britannique. Toutefois, lorsque nous travaillons, il vaut mieux suivre sa méthode à elle : ne pas se laisser distraire et être rigoureux sont de bonnes résolutions pour obtenir de bons résultats. **Respecter les règles que nous avons nous-mêmes fixées afin de mener à bien nos tâches professionnelles** (ou autres), cela s'appelle être organisé…

11 heures – Agenda royal

La reine reçoit son secrétaire particulier, qui la salue poliment d'un « Bonjour, Votre Majesté » (par la suite, il s'adressera à elle par « *Ma'am* »), pour un tour d'horizon des questions à prendre en compte. C'est lui qui assure le lien entre la souveraine et le Premier ministre, l'armée, la police, l'Église et le Commonwealth. C'est lui aussi qui tient son agenda (signatures de textes de loi, inaugurations, nominations, réceptions, communications, discours…). Par comparaison, à l'Élysée, ces attributions sont réparties entre plusieurs personnes : le chef du cabinet et les responsables du protocole, de la diplomatie, de la presse.

Mais revenons à l'agenda d'Elizabeth II : fixé six mois à l'avance, vous vous doutez qu'il est souple comme un verre de lampe. L'avantage est qu'il comporte un certain nombre de dates clés, alors on peut prévoir : les dates de ses deux anniversaires (voir l'explication un peu plus loin dans « Ces étonnants privilèges de la reine d'Angleterre »), les courses hippiques (Derby d'Epsom et Royal Ascot), les garden-parties du mois de juillet, la cérémonie d'ouverture de la session parlementaire, en automne, avec le discours du Trône… Moins prévisibles sont les visites de chefs d'État étrangers (deux par an en principe), ainsi que ses propres déplacements.

Il lui arrive aussi, environ une vingtaine de fois par an, de remettre des décorations à des citoyens méritants. Cette cérémonie prend alors place en fin de matinée et se déroule dans la salle de bal du prestigieux palais.

À défaut d'un secrétaire particulier aussi doué que celui de la reine d'Angleterre, je parie que votre Smartphone fait très bien l'affaire et vous cale vos rendez-vous pour les six mois à venir. Ou peut-être préférez-vous, comme moi, les jolis petits agendas en papier ? Mais alors charge à vous de les remplir et de les tenir à jour !

Comprendre le code verbal de la reine d'Angleterre

D'après l'avis de ses collaborateurs, Elizabeth II est organisée dans le travail et possède une très bonne mémoire. D'un naturel calme et pondéré, courtoise et à l'écoute, la souveraine britannique est une patronne appréciée: elle fait confiance à ses subordonnés, qui ne craignent pas les mauvaises surprises de sa part, ni les réactions disproportionnées.

Franche, la reine n'hésite pas à faire connaître sa position dans une affaire, mais la plupart du temps elle ne vous donnera pas la solution : non pas parce qu'elle ne l'a pas, mais par politesse. À ce sujet, il est d'ailleurs utile de connaître le petit code en usage dans le milieu. Ainsi « En quoi cela peut-il aider ? » correspond, de sa part, à « Quelle drôle d'idée ! », alors qu'un « En êtes-vous sûr ? » se traduirait par un refus clair et net.

Si notre mémoire dépend de nombreux facteurs, dont nous pouvons agir sur une partie seulement (même notre héritage épigénétique a, paraît-il, son mot à dire), l'organisation peut s'apprendre. La diplomatie également. Alors, sans aller jusqu'à poser de vraies

énigmes à votre entourage, exercez-vous à vous montrer compréhensif avec vos proches ou vos collègues. Vous serez étonné de l'effet que votre « royale diplomatie » aura sur eux.

13 heures – Déjeuner au palais

Ce moment est plus animé que le petit déjeuner si la reine partage son repas du midi avec des invités. Elle reçoit alors une demi-douzaine de personnes, choisies parmi les artistes, comédiens, sportifs, astronomes (elle adore les discussions autour du système solaire) ou hommes d'affaires. Elle arrive la dernière dans la pièce, accompagnée de ses chiens.

Mais, la plupart du temps, Elizabeth déjeune seule ou avec une dame d'honneur dans sa salle à manger privée.

Plats et habitudes culinaires de la « Perfide Albion* »

C'est l'occasion ou jamais de faire un tour rapide dans un ***pub*** ou un ***gastropub*** afin d'évoquer quelques plats anglais typiques, comme le ***fish & chips*** qu'adorent les plus jeunes, eux qui sont toujours pressés et prêts à manger sur le pouce ; mais aussi, pour tous les autres, les ***pies***, ces tourtes salées à la viande ou aux légumes, ou le ***scotch egg***, à savoir un œuf

* Cette expression est expliquée plus loin, p. 192.

dur frit avec de la chair à saucisse. Dans le genre consistant, j'appelle maintenant le ***ploughman's lunch*** (composé de plusieurs fromages, et parfois de jambon, servis avec du pain, des oignons, du chutney et de la salade) ; très nourrissant aussi, le ***cornish pasty***, un chausson à la viande ou aux légumes, typique de Cornouailles, et, pourquoi pas, le ***cawl cennin***, une épaisse soupe de poireaux, plat traditionnel du pays de Galles. Côté sucré, que diriez-vous d'un ***carrot cake*** accompagné de ***custard***, de ***clotted cream*** ou de glace, d'un ***cheese-cake*** au coulis de fruits ou de la fameuse ***jelly*** multicolore assortie d'une glace à la vanille ?

Si j'ai omis un tas d'autres plats spécifiques parmi vos préférés, ne m'en voulez pas trop : c'est seulement par manque d'espace. Et je compte sur vous pour compléter la liste lors de votre prochain voyage sur les terres d'Albion…

15 heures – Promenade digestive

La souveraine ne fait jamais de sieste. Elle marche en silence dans les jardins du palais et profite de ce temps libre pour contempler la beauté des lieux.

Est-il besoin de vous rappeler ici les vertus de la marche, à la fois **mouvement,** donc exercice physique, **éveil sensoriel** (par l'attention qu'on prête aux couleurs, aux bruits et aux odeurs) et **source d'énergie** (par le détachement provisoire de la routine) ? On peut supposer qu'Elizabeth II, qui a grandi au milieu de la nature, recherche une certaine douceur et un équilibre en déambulant dans les vastes jardins. Vous vous demandez probablement si elle ne se lasse pas de réitérer la même promenade dans ces lieux trop connus au lieu d'en chercher de nouveaux. Je n'ai pas l'arrogance de répondre à sa place, mais il me semble que chaque promeneur et chaque promeneuse voient d'abord surtout ce qui est déjà en lui, en elle. Il faut ainsi imaginer cet intermezzo comme une remise en ordre nécessaire, un apaisement, un recul salutaire par rapport à toute source de tension.

Dans votre jardin, au parc, ou plus loin, selon le moment et votre disposition, prenez quelques minutes pour marcher seul : ce rendez-vous avec vous-même ou, mieux encore, avec la nature est accessible à tout le monde et apporte calme et bien-être.

16 heures – *Tea time*

Le thé, préparé à partir de feuilles, est accompagné de scones, *crumpets* beurrés, cakes et autres friandises. La reine préfère, semble-t-il, les *crumpets*, ces petites crêpes anglaises, à mi-chemin entre les muffins et les crêpes mille trous, badigeonnées de beurre. Mais, rassurez-vous, elle n'en abuse pas, et c'est le moins que l'on puisse dire.

C'EST LE *FIVE O'CLOCK TEA* !

Ah, le thé, ce « parfum qui se boit » ! Introduit dans le pays au XVIIe siècle, en même temps que le café et le chocolat, le thé arrive d'abord grâce aux marchands portugais, puis grâce à l'*East India Company*. Catherine de Bragance, lorsqu'elle épouse Charles II (en 1662), initie une sorte de mode du thé à la cour d'Angleterre. Au XVIIIe siècle, le thé devient boisson nationale.

Entre 16 heures et 17 heures, toute l'Angleterre s'arrête pour le ***tea time***. À vrai dire, les Britanniques boivent du thé à longueur de journée ! Certains le préfèrent *white* (avec du lait), d'autres *black* (nature). Dans les salons de thé, on vous laisse choisir le vôtre en l'accompagnant d'un sandwich ou d'un petit gâteau : c'est le fameux ***afternoon tea*** ; il est proposé aussi en version plus copieuse – le ***high tea*** – et remplace alors le dîner. On attribue l'origine de cette tradition à Anna, la septième duchesse de Bedford (1783-1857). Celle-ci avait du mal à faire face au long intervalle entre le repas du matin et celui du soir (eh oui, on ne mangeait que deux fois par jour alors), et, pour éviter les malaises, elle avait eu l'idée de l'*afternoon tea*.

Depuis, la cérémonie du thé n'est plus le privilège de la noblesse ; elle s'est généralisée même dans les classes populaires. Mais le statut social des consommateurs de thé reste visible, ne serait-ce que par les accessoires qu'il nécessite : des tasses et des théières en porcelaine, des bouilloires et des urnes en argent, etc.

Apprendre à tenir sa tasse de thé comme la famille royale britannique

Les membres de la famille royale ont une façon particulière de boire le thé. Pour imiter leur manière de tenir la tasse, vous devez maintenir le haut de la poignée avec votre pouce et votre index tandis que votre majeur supporte le dessous de la tasse. Mesdames, vous ferez attention à déposer vos lèvres toujours au même endroit pour éviter que le bord de la tasse soit taché de rouge à lèvres. Et si, par malheur, vous préférez le café au thé, vous êtes censé enrouler votre index à la poignée. Attention, pas de petit doigt en l'air : trop prétentieux !

17 heures – Réception et visites

La reine poursuit son programme de l'après-midi. Elle a ses techniques pour rester debout sans fléchir lors des réceptions et des visites d'écoles, hôpitaux, usines et associations caritatives : l'une d'entre elles consiste à répartir équitablement le poids du corps sur les deux jambes.

Il arrive toutefois qu'elle se déplace le matin, comme en mai 2009, lors de cette visite de l'usine Heinz de Kitt Green, dans le comté de Lancashire, au nord-ouest du pays. Les spécialités préparées dans ce complexe industriel (conserves de soupes, haricots, pâtes, pudding, plats pour nourrissons, etc.) sont plébiscitées par les Britanniques. Sa Majesté est habillée en *deep pink* (rose profond), son époux en bleu marine et chemise rose pâle. Pendant une heure, étape après étape, la reine suit attentivement les explications de chaque intervenant, en le regardant dans les yeux, en lui souriant poliment. De temps en temps, elle prononce de petites répliques d'encouragement. Le prince Philip, lui, est plus assuré et pose des questions : « Quelles études avez-vous faites ? », « Si vous devez goûter à tous les produits, comment vous débrouillez-vous pour rester mince ? » À la fin de la visite, le couple royal rejoint Londres en train.

Elizabeth relate toujours à son secrétaire particulier ses impressions et évoque les personnes qu'elle a rencontrées.

19 heures 30 – Enfin la détente

Si aucun autre engagement n'est prévu, la reine se retire dans son salon privé. Elle prend un dîner léger et, désormais, elle passe la soirée seule à résoudre des mots croisés, à regarder la télévision (les informations ou des feuilletons), à faire des puzzles ou à lire un roman policier.

Sa majesté mène l'enquête !

La reine n'est pas une grande lectrice, mais elle ne dédaigne pas, après une longue et harassante journée, de tourner quelques pages d'un bon roman policier. Et, il faut le reconnaître, le genre est bien représenté outre-Manche. Rien ne nous empêche d'affirmer même que le roman policier se conjugue en anglais. Je suis prête à parier que ces noms vous parlent, même si vous n'êtes pas adepte du genre : Miss Marple, Prudence Cowley et Tommy Beresford, Hercule Poirot, Sherlock Holmes et Dr Watson, Frère Cadfael…

Vous avez reconnu dans cette énumération les incontournables héros d'Agatha Christie (1890-1976), d'Arthur Conan Doyle (1859-1930) ou d'Ellis Peters (1913-1995). Parmi ces éblouissants personnages de fiction, permettez-moi d'en choisir un… et ce sera Sherlock Holmes. J'aime son intelligence, son don d'observation hors pair et sa mémoire remarquable. C'est d'ailleurs un « deux en un » car le brave Dr Watson est indissociable du célèbre détective, amateur d'indices et dont l'accessoire fétiche est la loupe.

Et désormais vous pouvez ajouter une enquêtrice de sang royal à cette panoplie : Elizabeth II en personne ! Car la voilà personnage principal d'un polar bien documenté et écrit avec une bonne dose d'humour *British* : *Sa Majesté mène l'enquête. Bal tragique à Windsor**. L'autrice, S. J. Bennet, est une Londonienne passionnée par la reine et par le quotidien de la cour d'Angleterre.

Décidément, Elizabeth II sait faire parler d'elle à tous les niveaux !

* Et bientôt *Sa Majesté mène l'enquête. Bain de minuit à Buckingham.*

23 heures – La reine se couche

23 heures... mais elle peut néanmoins continuer à lire des documents officiels jusqu'à minuit. Et, petit détail touchant, elle n'oublie jamais de consigner les événements de sa journée dans un petit calepin à couverture noire. Car Elizabeth II tient un journal intime. Vous connaissez le principe : le diariste, qui note au jour le jour les événements de sa vie, est censé faire preuve d'une totale sincérité et donc disposer d'une totale liberté. Dans le cas de la souveraine britannique, cette liberté est garantie – et donc la sincérité permise – puisque ses carnets sont classés « secret défense ». Mieux encore, quand elle ne sera plus là, ils seront déposés aux archives royales du château de Windsor : protégés donc pour l'éternité.

Éviter le fashion *faux pas avec la reine d'Angleterre*

Une garde-robe arc-en-ciel

Vous êtes-vous demandé, comme moi, pourquoi la reine s'habille toujours en couleurs criardes ? Il paraît que c'est pour être vue de tous, et du plus loin possible.

Les toilettes de la reine, comme ses sacs, s'inscrivent ainsi dans un style immuable : des tenues – presque des uniformes – le plus souvent monochromes (jaune, violet, rouge, bleu, pêche, lavande...), des gants (elle doit serrer de nombreuses mains), un collier de perles et une broche, sans oublier un chapeau. Ah, l'inénarrable chapeau de la reine d'Angleterre ! Cinq mille modèles en tout, aux formes originales mises en valeur par des fleurs, des plumes et des rubans...

La fonction royale est entièrement comprise dans ces tenues, et les couleurs vives ne sont pas choisies au hasard. Robes, tailleurs, sacs, chapeaux sont autant de signes d'une diplomatie discrète : en visite au Canada, la robe rouge est assortie à un chapeau blanc, couleurs du drapeau canadien. Quand la reine opte pour le vert en pleine crise sanitaire, elle envoie un message d'espoir. Astucieux, n'est-ce pas ?

Haut les chapeaux !

Ce n'est un secret pour personne, les femmes de la famille royale adorent les chapeaux. Bibi (avec ou sans voilette), béret, Stetson, *pillbox*, turban, canotier, cloche, à plumes, à fleurs… le choix des formes ne manque pas. Lors des grands événements, toute la noblesse britannique rivalise pour arborer le plus beau, le plus élégant, le plus original des couvre-chefs. La famille royale, et la reine ne fait pas exception, respecte toujours un protocole vestimentaire strict. Le choix des couleurs est lié à l'occasion et à l'endroit : ainsi le chapeau blanc est réservé aux réceptions de Buckingham Palace ou aux banquets d'État.

Au mariage du prince de Galles avec lady Diana Spencer, le 29 juillet 1981, la mode était aux fioritures et aux volants (vous vous souvenez de la robe de la mariée, en taffetas ivoire, avec sa longue traîne ?). La reine, qui aime une certaine simplicité, avait opté pour une tenue bleue en crêpe de Chine et un chapeau assorti, turquoise, orné de petites fleurs.

Au printemps 1965, en visite en Allemagne de l'Est, elle portait un chapeau étonnant, évoquant un plat de spaghettis. Cela ne passa pas inaperçu, vous vous en doutez ! En même temps, c'était bien le but : le couvre-chef royal n'est ni plus ni moins qu'un substitut de la couronne. On ne lui reprochera donc pas d'être voyant puisque sa propriétaire doit être vue de loin. Et tant mieux s'il a une touche de fun !

Un dernier exemple : en 1980, pour sa première visite d'État au Maroc, la reine portait un chapeau orné d'un bouquet de coquelicots en soie : flamboyant !

Ceux qui traquent ses moindres faits et gestes se demandent même si ces chapeaux ne cachent pas un message politique. Laissons-les chercher et venons-en à une évidence : lorsqu'elle se promène à la campagne, où elle se sent libre et heureuse, Elizabeth II troque ses galurins mythiques pour un simple fichu noué sur la tête.

Elle fait quoi avec son sac ?

J'imagine que vous visualisez parfaitement le petit sac de la reine... Il ne la quitte jamais. Ses tenues colorées, ses chapeaux originaux et ce fameux sac à main de la marque Launer London accroché à son bras sont devenus inséparables de l'image de la souveraine. Mais est-ce toujours le même, comme certains sont prêts à le jurer ? Et que peut-elle bien y cacher ? S'agit-il d'ailleurs uniquement d'un accessoire vestimentaire ?

Eh bien, ces questions ne sont pas aussi insignifiantes qu'elles en ont l'air. D'abord, si la forme de ses sacs est la même et que leur couleur varie très peu (le noir et le beige étant de loin les couleurs préférées), Elizabeth en possède près de deux cents exemplaires : une jolie collection !

Ensuite, dans ce sac, elle met – comme vous, chères lectrices – des objets usuels, tels un rouge à lèvres, un miroir de poche, un mouchoir brodé de ses initiales, des gants de rechange, quelques pastilles à la menthe, un couteau suisse (du temps où elle était scoute !), une paire de lunettes, une grille de mots croisés et un stylo… auxquels elle ajoute – dit-on, mais je n'ai pas vérifié – un ou deux cadeaux « de cœur » reçus de ses enfants ou petits-enfants, quelques biscuits pour ses corgis adorés et peut-être son téléphone portable.

Son sac contient donc ce qu'il doit contenir, rien de plus, rien de moins. Beaucoup de bruit pour rien alors ? Peut-être pas. Car le sac royal a d'autres fonctions insoupçonnées : il sert parfois de moyen de communication avec les équipes de sécurité. Rien que ça ! Ainsi, selon un code établi, la reine fait passer son sac d'une main à l'autre pour signifier qu'elle veut clore une conversation. Lorsqu'une réunion l'ennuie, elle pianote nerveusement dessus. Et si elle dépose son sac sur le sol, c'est le signal qu'elle veut être « sauvée ». Et rapidement !…

Alors, malicieuse la reine ? Ou simplement très diplomate ? Ne vous est-il donc jamais arrivé d'utiliser en public un code secret convenu avec votre compagnon ou votre compagne, pour quitter une réunion de famille au bon moment par exemple ? Ou bien avec vos enfants pour leur faire passer le message de corriger un travers sans avoir à les mettre mal à l'aise devant les autres ?

Les chaussures neuves, il faut les faire !

Avoir mal aux pieds avec des chaussures neuves, cela arrive à tout le monde. Et même aux têtes couronnées ! La solution pour éviter les ampoules, on la connaît : il faut porter ces chaussures, à plusieurs reprises, quelques heures au moins avant de partir pour de bon. Elles ont en effet besoin d'un peu de temps pour se faire à la forme de vos pieds.

La reine Elizabeth ayant un emploi du temps chargé, elle fait appel pour cela à Angela Kelly, son habilleuse, avec qui elle partage la même pointure. Celle-ci accepte de porter les chaussures de la souveraine et, grâce à cette collaboration, les chaussures royales sont toujours confortables, et leur propriétaire prête à arpenter le monde.

À vous maintenant ! Vous arrive-t-il aussi, parfois, de faire faire par les autres ce que vous (ne) pouvez faire vous-même ?

CÉLÉBRITÉ NE RIME PAS AVEC FUTILITÉ

La reine Elizabeth n'est pas une habituée des salons de beauté, loin de là ! Elle reçoit son coiffeur une fois par semaine, et le reste du temps elle se débrouille elle-même. Comme vous et moi.

La souveraine ne fait pas non plus grand usage des cosmétiques : un peu de poudre, un coup de rouge à lèvres (toujours écarlate), et le tour est joué. Une fois par an seulement, à Noël, elle recourt aux services d'une maquilleuse.

Néanmoins, malgré sa garde-robe exceptionnelle et ses tenues très étudiées, la reine n'a jamais été une *fashionista*. Cela vous étonne ?

Chérir son chez-soi, comme la reine d'Angleterre

Le champ lexical pour désigner l'habitation est riche : foyer, demeure, maison, logis, appartement, logement, pénates, nid, gîte, château, palais, cabane, toit, caravane, refuge. Et la liste n'est pas exhaustive. Mais qu'est-ce qu'une maison ? Et quels rapports, nous, humains, établissons-nous avec notre habitation ?

La maison est un lieu de vie, me répondrez-vous, l'endroit où l'on revient. C'est une évidence. Et pourtant, c'est un peu plus complexe puisqu'on peut loger quelque part sans y habiter réellement.

Nous arrivons au monde au sein d'une famille qui, elle, habite un pays, une ville, et plus particulièrement une maison (j'utilise ici le mot dans une acception large). Notre premier environnement est donc ce lieu, ce nid protecteur, dont les éléments – façades, murs, sols, portes et fenêtres, escaliers, meubles, cour ou jardin, odeurs... – forment notre premier univers.

J'ai toujours pensé que l'espace où l'on a passé notre enfance nous façonne, en quelque sorte : on ne porte pas le même regard sur le monde selon que l'on a grandi à la campagne ou en ville. La maison est pour beaucoup d'entre nous (sinon pour tous) un prolongement de notre être.

Aux murs et aux meubles s'ajoutent les personnes qui partagent le même espace de vie : la famille, puis les animaux domestiques (chien, chat, cheval…). Cet ensemble est indissociable, une sorte de « peau familiale » qui tendrement nous protège. C'est ce qui explique l'envoûtement que la maison d'enfance exerce sur nous et pourquoi déménager n'est jamais un acte anodin.

À ce propos, dans la famille royale, l'exemple du prince Philip apparaît comme particulièrement parlant. Sa famille a pris la route de l'exil alors qu'il n'avait que dix-huit mois. Plus tard, ses parents ont divorcé et pendant toute son adolescence il n'a pas eu de foyer, ayant été reçu par des membres de sa famille, notamment par sa grand-mère. Sa première maison a donc été Clarence House (à Londres), et la passion avec laquelle il l'a fait rénover et aménager témoigne de l'importance qu'il donnait à cet endroit.

Quel est donc le cadre de vie d'Elizabeth II ? Eh bien, elle en a plusieurs. Ce n'est pas étonnant, compte tenu de son rang et de sa fonction, et puis nous aussi avons, parfois, une, voire plusieurs résidence secondaire.

Buckingham Palace est sa résidence officielle, construite en 1703. Cette façade impressionnante, en pierre de Portland, nous la connaissons tous. Même ceux qui ne sont jamais allés à Londres l'associent à la reine et à la capitale anglaise. Avec Big Ben, la Tour de Londres et le Tower Bridge, le palais où réside la souveraine fait partie des symboles de la ville. Pourtant, ce n'est pas l'endroit que celle-ci préfère. Rappelez-vous la réaction de la petite princesse lorsqu'on lui avait annoncé que sa famille allait s'y installer. Et ce ne fut guère différent en 1952, quand, en tant que reine, elle dut se résigner à y élire domicile avec son mari et ses enfants, quittant la confortable Clarence House. Heureusement, si elle est tenue d'y habiter en semaine, d'autres « chez-soi » lui ouvrent leurs portes le reste du temps.

Windsor Castle est la résidence de week-end de la famille royale. Mais pas seulement. C'est également le nom de la dynastie (la maison de Windsor) et un grand lieu historique puisqu'il a été construit en 1080 par Guillaume le Conquérant. Toutefois, ce château est cher à Sa Majesté car il est lié à son histoire personnelle : les années de guerre, sa jeunesse, son père qu'elle adorait… Enfin, l'ordre de la Jarretière y est basé.

Honni soit qui mal y pense

Connaissez-vous l'origine de la célèbre devise britannique ? Cela se passait en 1348, lors d'un bal à Calais. Edward III, roi d'Angleterre et *dux* d'Aquitaine (et aussi initiateur de la guerre de Cent Ans, pour mieux le situer), dansait gracieusement avec la comtesse de Salisbury (sa douce maîtresse) quand la jarretière de sa partenaire se détacha de sa cuisse et tomba au sol. Le roi se hâta de la ramasser (ah, la galanterie des hommes d'autrefois !), puis, piqué par les quolibets des autres danseurs, leur lança la fameuse formule : « Honni soit qui mal y pense… »

En même temps que la devise était né l'ordre de la Jarretière, le plus ancien de la chevalerie anglaise. Comment ça, vous ne voyez pas le rapport entre les deux ? Vous donnez votre langue au chat ? Eh bien, voici la réplique royale dans son intégralité : « Honni soit qui mal y pense. Ceux qui rient maintenant seront très honorés d'en porter une semblable, car ce ruban sera mis en tel honneur que les railleurs eux-mêmes le chercheront avec empressement. »

Il y a ensuite **Sandringham**, dans le Norfolk. Elizabeth II y passe les fêtes religieuses : Noël et Pâques. C'est un lieu de retrouvailles de la famille royale. Cette autre « maison de campagne », en brique rouge, dans un décor apaisant de champs et de forêts, est un endroit idéal pour changer d'air et reprendre des forces. Sa Majesté y a livré son premier message de Noël, en 1957. Son père, le roi George VI, s'y est éteint : ainsi, à la date anniversaire de sa mort, la souveraine s'y trouve, entourée de sa famille.

Petit saut en Écosse, pour se rendre au château de **Balmoral**, la maison d'été. Un autre lieu marqué du sceau des liens de parenté, apprécié par la reine Victoria et le prince Albert. Ce grand manoir, entouré de fermes, est situé sur un vaste terrain de plus de vingt mille hectares, comprenant des formes de relief si variées (montagnes et vallées, forêts et pâturages, lacs et, bien sûr, jardins) qu'on a pu parler d'un véritable écosystème. Courir, pêcher, chasser, se promener, faire du cheval, ou simplement contempler le paysage et respirer… Celle qui lui a donné son aspect actuel fut la reine Victoria, en 1853. Il y a à peine quelques années, Elizabeth II y faisait encore du cheval, une de ses grandes passions, ou inspectait ses terres à bord de son Range Rover, effrayant parfois ses hôtes (lisez à ce sujet l'anecdote p. 113).

*Make them shake !**

Outre-Manche, chaque manoir a son fantôme. Si vous ne me croyez pas, libre à vous d'aller vérifier par vous-même. D'autant plus que ce sont généralement (ne tenez pas compte du titre, il est là pour vous appâter !) des fantômes… charmants.

En Écosse, si un château n'est pas hanté, c'est qu'il manque vraiment de chance ! On y sonde – avec le plus grand sérieux – les bruits inexpliqués, les portes qui grincent ou qui claquent, les sensations de froid, les odeurs de brûlé et les bruits de chaînes, on étudie les légendes de fantômes associées à certaines propriétés…

Lucy Hutchings, directrice régionale d'*English Heritage*, a même fourni une explication qui nous fait sourire au pays de Descartes : « Nos sites sont imprégnés d'histoire et, qu'il s'agisse de batailles sanglantes ou d'actes sombres, leurs histoires ne sont pas toutes douces et légères. »

Cette réputation remonte loin dans le passé : au VIe siècle déjà, l'historien byzantin Procope de Césarée, dans son ouvrage *Guerres contre les Vandales*, décrit l'Écosse comme un espace fréquenté par… les esprits. Alors, vous ne serez pas étonné d'apprendre que la fête d'Halloween aux États-Unis et au Canada a, pour origine les îles Britanniques (mais oui, c'est d'ici que sont partis les Celtes…). Un peu plus tard, le théâtre

* « Faites-les trembler ! »

élisabéthain a fait une grande place aux créatures spectrales – parmi celles-ci, l'une est très célèbre puisqu'elle apparaît dans la pièce *Hamlet* de Shakespeare. Ce riche filon a continué d'être exploité par la suite et, du *Fantôme de Canterville* (Oscar Wilde) à *Harry Potter* (J. K. Rowling), la littérature anglo-saxonne nous offre de très belles œuvres sur le sujet, dont certaines ne vous sont probablement pas inconnues.

Les questions qui se posent me « hantent » autant que vous : pourquoi, diantre, la Grande-Bretagne a-t-elle la réputation d'être un repaire de fantômes ? Y a-t-il vraiment quelque chose de spécial qui attirerait les revenants ?

Hum ! Ne comptez pas sur moi pour vous éclairer. En revanche, l'imaginaire de ses habitants est encore étonnant et continue de faire la part belle à ces histoires.

Home sweet home!

Tous ces endroits ont en commun, vous l'avez remarqué, les liens familiaux. Ils sont, chacun à sa façon, une « maison de famille », avec une longue histoire. Malgré cet « éclatement » en plusieurs résidences, il y a une stabilité indéniable en ce qui concerne les lieux où vit la famille royale, par la routine annuelle (Écosse en été, Norfolk en hiver et au printemps, Windsor certains week-ends...) et par le récit familial.

Il nous arrive, à nous autres, de voir cet espace protecteur qu'est la maison changer plusieurs fois au cours de notre vie, au gré de déménagements plus ou moins souhaités. D'autres, plus chanceux, peuvent retourner régulièrement dans leur maison de famille. Dans tous les cas, le « chez-soi », cet espace d'émotions et de liens stables et durables auquel nous nous intégrons, est un **enracinement pour les « vivants sans racines » que nous sommes**. Alors, je vous encourage à cultiver ces liens, à **façonner votre nid selon vos goûts et vos besoins**, en faisant pousser les plantes qui vous plaisent, en élevant les animaux que vous aimez, sans oublier d'accueillir chez vous les êtres qui vous sont chers...

Notre société hypermoderne met à mal la possibilité d'être « chez soi » et nous impose une « errance » dont, souvent, nous ne sommes même pas conscients. Les anciens, eux, croyaient que nous sommes liés en même temps à un lieu sur la Terre et à un méridien céleste. Je terminerai en évoquant la formule énigmatique de

Sergueï Paradjanov*: « Il faut établir la source de la lumière. » Car votre « chez-vous » n'est pas juste un entrepôt où vous mettez vos affaires, mais – comme pour la reine d'Angleterre – un lieu unique qui vous protège et vous nourrit spirituellement.

* Sergueï Paradjanov (1924-1990) est un réalisateur et un artiste soviétique d'origine arménienne. Dans les années 1960, ses films (*Les Chevaux de feu, Sayat Nova* – rebaptisé *La Couleur de la grenade*) avaient été censurés par les autorités soviétiques. Lui-même avait été arrêté et emprisonné. Mais la raison pour laquelle je mentionne ici cet artiste, ce ne sont pas ses films, ni même sa vie agitée, mais son appartement qui avait attiré ses amis comme un aimant. Souvent, le soir, la « maison » de Paradjanov était remplie de gens qui, en en franchissant le seuil, avaient conscience d'entrer dans un espace privilégié, réservé aux personnes sensibles, talentueuses. Un lieu dans lequel régnaient le talent, le respect, la sincérité. Plus que l'appartement d'un homme célèbre, un lieu où régnait l'esprit.

Lâcher prise et se détendre : même la reine d'Angleterre le fait !

Eh oui, les reines se reposent aussi. Dans le cas d'Elizabeth II, ces périodes de repos – à hauteur de vingt semaines par an – tombent à des dates fixes, les mêmes depuis le début de son règne. Sans surprise, d'une année sur l'autre, on peut ainsi trouver la reine à Balmoral en été, à Sandringham en hiver.

Certains d'entre nous ne peuvent s'empêcher de se mettre la pression quand ils sont en vacances. Et parfois bien avant de partir ! Il faut que le séjour soit réussi, sinon… Sinon quoi ? Aujourd'hui, il est très tentant de comparer ses vacances à celles de nos proches (famille, amis, collègues) : ces derniers semblent toujours faire le bon choix de lieu, d'activités, de période… Ils ne se trompent jamais ! Il n'y a qu'à voir les photos qu'ils publient sur les réseaux sociaux. Comme nous les envions ! Il faut bien se l'avouer : leur mines réjouies, leurs sourires éclatants de bien-être, leurs paysages de rêve nous sapent le moral ! Comment faire pour publier les mêmes clichés ? Et voilà notre anxiété qui monte en flèche à la simple pensée qu'on ne sera peut-être pas à la hauteur !

Regardons donc du côté de la reine d'Angleterre, et prenons-en de la graine ! L'étiquette l'empêche de collectionner les destinations comme nous autres : elle n'est jamais allée se baigner ou admirer le coucher du soleil sur une île tropicale ; elle n'a jamais pu envisager de faire le tour du monde à vélo ou une retraite solitaire sur les bords du lac Baïkal, ni même d'arpenter le Bocage vendéen... Et vous, vous satisferiez-vous de cette « routine royale », vous qui avez un choix infiniment plus large pour vous dépayser ?

Quelle que soit votre réponse, relativisez ! Libérez votre esprit de l'emprise des autres, des modes et des modèles qui vous vampirisent ! Votre vraie vie n'est pas sur Instagram, vos joies et vos tracas non plus. Au diable les réseaux ! Place à vos envies véritables ! Les vacances réussies sont celles qui vous plaisent à vous, non aux autres. **Ne confondez pas bons souvenirs et photos idylliques !**

Comment procéder ? Préparez-vous à votre rythme et à votre façon, en vous posant les bonnes questions et en dressant honnêtement la liste des choses que vous avez réellement envie de faire : qu'est-ce que j'attends vraiment de cette trêve ? Suis-je impatient de me lancer dans des activités que je n'ai pas l'occasion de pratiquer en temps normal ? Ou ai-je simplement besoin de me reposer et de profiter de ma famille ? Consultez vos proches pour faire des choix judicieux, mais acceptez aussi de ne pas tout contrôler. Et, vous verrez, tout se passera à merveille.

CES RÈGLES À RESPECTER DE LA REINE

Oh, je ne vous les donnerai pas toutes, mais en voici un florilège pour vous donner une petite idée…

- La révérence n'est plus obligatoire mais elle reste plutôt bien cotée. Elle se limite, pour les hommes, à un mouvement de tête vers le bas ; les femmes se penchent en avant en effectuant une génuflexion.
- Si la reine se lève, toute l'assistance se lève. Les chefs d'État eux-mêmes doivent respecter cette règle.
- À table, les invités de la reine ne touchent plus à leur assiette après que celle-ci a terminé de manger.
- La reine parle parfaitement notre langue. Mais vous avez tout intérêt à travailler votre anglais car, si vous avez la chance de la rencontrer, il ne faudra pas trop compter sur le français : c'est à elle que revient le choix de la langue dans laquelle se tiendra la conversation.

ABSOLUMENT EN PRÉSENCE D'ANGLETERRE

- On ne touche pas Sa Majesté (à moins de lui serrer la main si elle vous la tend*), ni d'ailleurs les autres membres de la famille royale. Il y a pourtant eu quelques entorses à cette règle.
- On ne tourne pas le dos à Sa Majesté. Eh oui, après la conversation, c'est la reine qui part en premier.

* La reine porte de plus en plus souvent des gants et, depuis la crise sanitaire, il lui arrive dans certaines occasions de renoncer aux serrements de main.

Manier l'art de la conversation aussi bien que la reine d'Angleterre

« Et vous, que faites-vous ? »

C'est par cette question que Sa Majesté commence tous ses tête-à-tête, ou presque. Les chanceux qui ont pu l'approcher lors des événements organisés par la monarque décrivent tous des rencontres brèves mais intenses. L'étiquette y est stricte : la reine fait le tour des invités, escortée par le chef du protocole. Les dames de compagnie sont également vigilantes à identifier les personnes dignes d'intérêt parmi les convives. Si vous faites partie des heureux ainsi désignés, sachez qu'on n'entame pas soi-même la conversation : on attend que la reine vous adresse la parole. D'un simple regard, elle peut vous faire savoir que vous êtes allé trop loin si jamais c'est le cas. Quant à son sourire, elle l'accorde à tous ceux qui lui sont présentés, sans exception et sans préférence. Enfin, sachez également que les trois sujets à éviter absolument lors de ces brefs échanges sont la politique, la vie privée et la religion.

Lorsque vous recevez chez vous, votre tâche n'est certainement pas aussi difficile que la sienne, et surtout vos invités, choisis, ne vous sont pas inconnus. Cela dit, il vous arrive sûrement aussi de participer de temps à autre à des événements plus ou moins officiels, où vous ne connaissez pas grand monde (fête, dîner, etc.). Le savoir-vivre (qui est notre étiquette, à nous autres) voudrait qu'on n'aborde pas – dans un premier temps du moins – de sujets comme l'argent, la religion, le sexe, voire la politique, sans doute afin d'éviter des dérapages involontaires. Alors pourquoi ne pas se laisser porter ?

Permettez donc à votre hôte ou organisateur de la manifestation à laquelle vous êtes convié de lancer les thèmes de conversation et participez-y ni plus ni moins que les autres invités. Si toutefois vous devez vous « sacrifier », voici quelques sujets qui (généralement) font l'unanimité : vacances, voyages, cuisine et culture… pas forcément dans cet ordre, vous l'aurez compris. Quant aux règles de bonnes manières, je vous fais entièrement confiance.

Le premier traité de civilité : Érasme de Rotterdam

La sociabilité, le savoir-vivre, étaient autrefois enseignés dans les familles. Être sociable était considéré comme aussi important qu'être intelligent, et c'est pourquoi vivre en harmonie avec son entourage apparaissait comme essentiel. Cela s'apprend, ou du moins s'apprenait.

Le premier qui a véritablement réfléchi aux manières de se conduire en société fut Érasme de Rotterdam, dans un petit livre de 1530 intitulé ***De civilitate morum puerilium*** (« De la civilité puérile »).

CES ÉTONNANTS PRIVILÈGES

- **Elle est aussi reine… des cygnes et des poissons.**

  Ne souriez pas, ce n'est pas une plaisanterie. La tradition s'est perpétuée depuis le XIIe siècle, époque où le cygne constituait un mets de choix dans les banquets royaux. De nos jours, la Couronne possède uniquement les cygnes vivant en liberté aux abords de la Tamise (une centaine)…

  Quant aux poissons et autres mammifères marins (baleines, esturgeons…), pêchés dans un rayon de cinq kilomètres autour des côtes britanniques ou ailleurs dans le royaume, ils appartiennent également à la Couronne. Sachez que la loi a été éditée sous le règne d'Edward II et qu'elle n'a jamais été abolie…

- **Elle peut conduire une voiture sans permis et sans plaque d'immatriculation.**

  Vous le saviez, je parie, mais il y a à ce sujet une anecdote amusante que j'aimerais partager ici.

DE LA REINE D'ANGLETERRE

En tant que souveraine, Elizabeth II se fait conduire dans ses limousines de fonction, mais elle prend avec plaisir le volant dès que l'occasion se présente – elle a appris à conduire dans l'armée, pendant la Seconde Guerre mondiale, en Écosse. Ainsi, en septembre 1998, elle invite le prince régent Abdallah (Arabie Saoudite) au château de Balmoral, sa fameuse résidence secondaire en Écosse… Et devinez quoi ! Elle lui fait alors la visite du propriétaire au bord de son Range Rover. Le prince héritier saoudien est donc assis devant – à la place du mort –, l'interprète derrière. Et la reine ? Elle est montée côté conducteur.

Et hop ! un premier tour pour se faire la main avant de se lancer sur les petites routes escarpées des Highlands écossais. Elle appuie sur le champignon tout en poursuivant la conversation au grand effroi de son invité, qui n'avait probablement jamais vu de femme au volant puisque dans son pays les femmes n'avaient pas le droit de conduire. Il aurait même adressé à la conductrice, par l'intermédiaire de son interprète, la demande de conduire moins… dangereusement.

- **Elle n'a pas besoin de passeport.**

C'est évident ! Tout comme les permis de conduire, les passeports britanniques sont délivrés au nom de Sa Majesté. Ce serait ainsi ridicule de posséder un passeport signé par… soi-même.

LES BRITANNIQUES, UN PEUPLE DE SANS-PAPIERS ?

Comment font-ils donc pour attester de leur nationalité ou de leur âge – ne serait-ce que pour commander une boisson alcoolisée dans un pub ? Eh bien, c'est simple : ils présentent leur passeport ou leur permis de conduire. Car, en effet, les Britanniques n'ont pas d'*ID card* au sens propre.

Néanmoins, à certaines époques, par mesure de sécurité, le pays avait mis en circulation une carte d'identité : pendant les deux guerres mondiales, par exemple. En 1952, on a abandonné le dispositif – peu populaire et qualifié de « fichage socialiste » – pour retourner « à la normalité ».

Cette méfiance des Britanniques quant au système de carte d'identité a également une explication historique. Le droit à l'anonymat est considéré comme une liberté, et, si on remonte dans le temps, l'*Habeas Corpus* (1679) défend en effet le droit de tous les citoyens, stipulant, entre autres, qu'« aucun homme ne saurait être emprisonné sans être jugé et condamné selon la loi du pays ».

- **La reine a deux dates d'anniversaire.**

  Le 12 juin (*Trooping of the Colour*) et son anniversaire réel le 21 avril.

  La tradition des deux anniversaires est ancienne : le roi George II, né en novembre 1683, ne pouvait envisager d'organiser une fête publique à cette date à cause du mauvais temps. Il a donc décidé de s'attribuer le privilège d'une deuxième date officielle, en été. Ce privilège sera perpétué jusqu'à nos jours.

- **Elizabeth II a fait installer un distributeur de billets à Buckingham Palace.**

  Extravagance ? Ou bien aurait-elle pensé à son personnel ?

- **La souveraine a son poète personnel (*Poet laureate*).**

  Héritier des ménestrels médiévaux, il est nommé par une lettre de cachet (donc par ordre du roi) et doit composer des vers pour les célébrations de cour. En 2009, pour la première fois, une femme accède à ce statut : Carol Ann Duffy.

- **Elizabeth II ne peut être contrainte de témoigner devant un tribunal.**

Eh oui, en raison de son immunité judiciaire !

III.
UNE FEMME SANS POSTURE NI ARTIFICES

La reine d'Angleterre est aussi une sœur : savoir rester à sa place avec ses proches

Margaret, la « princesse triste »

Elizabeth est reine, mais elle a aussi une vie privée. Et celle-ci est loin d'être simple. Il suffit de se tenir informé auprès des médias pour s'en rendre compte. Les problèmes de ses proches l'ont occupée et préoccupée tout au long de son règne.

À la mort de son père, elle est devenue en quelque sorte le chef de la famille. Ainsi, lorsque sa jeune sœur, Margaret Rose, qui n'avait pas encore vingt-cinq ans, tombe amoureuse de Peter Townsend et veut l'épouser, c'est à la souveraine que revient la tâche d'autoriser ou non le mariage. Le prétendant est aviateur, héros de la bataille d'Angleterre, ancien écuyer de George VI, mais aussi homme divorcé. Elizabeth conseille donc d'attendre. Finalement, Margaret renoncera à son amour : la « princesse triste » fera alors le bonheur de la presse d'après guerre.

Ne pas avoir conscience de la dimension publique des affaires privées de la famille royale a été considéré comme une erreur de la part d'Elizabeth, erreur qu'elle renouvellera par la suite, notamment avec ses enfants.

En vous relatant ce qui précède sur la romance de Margaret, j'ai évidemment simplifié l'histoire et je n'ai pas développé les raisons qu'avait la reine (aimante mais autoritaire) pour temporiser, voire pour dissuader sa jeune sœur, comme elle l'avait fait. Vous trouverez tous ces détails très facilement, ainsi que la suite des événements : le mariage de Margaret avec Tony Armstrong-Jones, un photographe à la mode, puis l'échec patent de cette union, entraînant l'alcoolisme et la dépression chez la princesse devenue entre-temps comtesse de Snowdon. Tout cela n'est pas très joyeux mais, rappelons-le, Elizabeth II adorait sa sœur.

C'est donc sur le sentiment de culpabilité – longtemps ressenti par la souveraine – que je voudrais attirer votre attention. Dans le secret de sa conscience, celle-ci a dû s'inquiéter et souffrir, et probablement détester d'avoir eu à s'immiscer dans la vie sentimentale de Margaret. À sa décharge, les règles (certes d'un autre temps !) et sa fonction.

En ce qui nous concerne, j'ose espérer que la pression est moins forte et qu'elle laisse toute leur place à la sagesse et à l'attention, destinées à ménager nos proches.

En tant que parent, grand frère ou grande sœur, seriez-vous prompt plutôt à conseiller ou plutôt à soutenir ceux qui vous sont chers ?

Si vous vous sentez une âme de conseiller, gardez en tête l'expérience de cette chère Elizabeth, qui s'est retrouvée malgré elle dans cette position et n'en a tiré aucun profit, bien au contraire !

La reine d'Angleterre est aussi une épouse : savoir prendre soin de son couple

Ils se marièrent et eurent beaucoup d'enfants

Tout porte à croire que Philip Mountbatten, prince de Grèce et du Danemark, et Elizabeth de Windsor, la souveraine britannique, ont eu le coup de foudre l'un pour l'autre. Une histoire d'amour, de celles qui se terminent, comme dans les contes de fées, par un mariage fastueux. Dans leur cas, ce fut à l'abbaye de Westminster, le 20 novembre 1947.

La première rencontre a lieu en juillet 1939, au collège naval de Dartmouth, où le jeune homme étudiait. Il lui revient alors de distraire les deux princesses pendant que leurs parents passent en revue les cadets : mission accomplie !

Vient ensuite la guerre, et Philip s'engage. Il se distingue à plusieurs reprises (lors de la bataille de Matapan, en 1941 ; au débarquement de Sicile, en 1943...). À Noël 1943, il revoit Elizabeth. S'ensuit d'abord une correspondance, puis l'idylle commence l'été suivant, à Balmoral, en Écosse. En 1946 a lieu la demande en mariage, acceptée sur-le-champ par l'intéressée, consentie ensuite par le roi.

On dit que l'amour est l'**union des contraires** : ce vieux dicton n'a peut-être jamais été aussi vrai que dans leur cas. À l'opposé de la famille aimante d'Elizabeth, celle de Philip ne lui a montré que peu d'affection. Ses parents se séparent : son père mène la grande vie à Monaco, sa mère se réfugie en Grèce et ne donne plus de nouvelles. Beau et séduisant prince, Philip a passé sa jeunesse à travers l'Europe : France, Allemagne, Angleterre, Écosse... d'un pensionnat à l'autre. Pendant les cinq ans passés au collège de Gordonstoun, il ne reçoit aucune visite.

Par ailleurs, Philip a une double ascendance royale*, tandis que du côté d'Elizabeth seul son père est de sang royal, sa mère étant une simple aristocrate. Et pourtant Philip acceptera de se plier à l'étiquette en s'effaçant devant la souveraine. Oh, ne croyez pas que cela fut simple pour lui ! Drôle, ouvert, à l'esprit vif et curieux,

* Philip est fils du prince André de Grèce, frère du roi Constantin Ier, et de la princesse Alice de Battenberg, sœur de Lord Louis Mountbatten. Par la ligne maternelle, il est le descendant direct de la reine Victoria ; par la ligne paternelle, il est le descendant direct des Romanov (son père étant apparenté à la famille royale du Danemark).

d'un caractère libre et aventureux, féru de science et de technologie, bibliophile, passionné d'ornithologie, idéaliste, il aura beaucoup de mal, surtout au début, à masquer sa frustration et à jouer le jeu parmi la « bande de chemises amidonnées », comme il appelait ironiquement les officiels de Buckingham Palace. Rappelez-vous que ce bourlingueur cosmopolite (il parlait parfaitement l'allemand et le français) n'était pas le parfait gentleman anglais, passé par les collèges prestigieux de l'élite et partageant les codes vestimentaires et comportementaux requis par l'*establishment*. Son caractère direct et franc n'était un secret pour personne.

À la prudence et à la nature casanière d'Elizabeth, il oppose audace et esprit d'aventure ; à sa **timidité** grave, le plaisir de rencontrer des gens et de leur parler librement.

Dans ce couple plein de contrastes, le tempérament extraverti du prince Philip a ainsi mis particulièrement en avant la timidité de la reine. Mais il est intéressant de noter que cette qualité n'a pas empêchée celle-ci de tenir parfaitement son rôle public. Peut-être même ce trait de caractère a-t-il été un grand atout ! Laissez-moi vous en convaincre...

COMMENT VAINCRE SA TIMIDITÉ…

Êtes-vous ce qu'on appelle un « grand timide » ? Ou juste un peu timide comme la reine d'Angleterre ? Avez-vous peur de parler en public ? La perspective de vous tromper ou de dévoiler vos émotions vous inquiète-t-elle ou vous met-elle mal à l'aise ? Comment faire pour maîtriser cette timidité sans passer par la case « thérapie » ? Voici quelques pistes* qui pourraient vous aider.

1. **Acceptez que votre timidité n'est pas un obstacle,** et utilisez-la à votre avantage : en effet, il n'y a rien de mal à être timide. Ainsi, les personnes timides sont souvent d'excellents dirigeants puisqu'elles savent valoriser les autres. Votre nature réservée est un atout important quand on y réfléchit : pourquoi

* Ces suggestions ne seront pas suffisantes en cas d'anxiété sociale. Elles conviendront plutôt aux « petits timides ».

serait-ce une mauvaise chose de prendre le temps de penser avant d'ouvrir la bouche ?

2. **Essayez-vous au théâtre !** Jouer un rôle, c'est se mettre dans la peau d'un autre et, en plus, disposer d'un texte « sûr ». Ce dernier est un support non négligeable pour exercer votre éloquence sans prendre de risques. Et les exercices de respiration qu'on vous propose vous seront très utiles par la suite, dans la « vraie vie ».
3. **Et si vous teniez un journal ?** Écrire ce qui vous passe par la tête quand l'envie vous en prend (tous les soirs ou tous les week-ends, ou encore pendant vos vacances) pourrait s'avérer une bonne stratégie. Cela ne serait, évidemment, qu'une étape (mais, qui sait, il n'est pas exclu que l'exercice vous séduise) qui vous permettrait d'exprimer vos goûts, vos désirs, vos craintes, afin de mieux en prendre conscience et de les corriger.

4. **Veillez à rester cordial avec les autres.** Mettre l'autre à l'aise, le valoriser, établir avec lui un sentiment de confiance (par un sourire, un regard, un geste bienveillant ou une question bien formulée et posée au bon moment) est désarmant pour votre public et bénéfique pour vous.
5. **Vous n'avez peut-être pas besoin de transformer votre personnalité de façon radicale.** La plupart du temps, la source d'un comportement timide est la peur de l'inconnu : qu'il s'agisse de personnes ou de situations, nous craignons qu'on nous juge ou que notre comportement ne soit pas approprié à ce qu'on attend de nous. En prendre conscience revient aussi à agir. Cela passe généralement par une **analyse des situations** anxiogènes afin de les comprendre et de les accepter. Consulter des livres d'autoassistance et mettre en pratique les exercices qu'ils proposent peut également vous aider à surmonter ces difficultés.
6. **Évaluez votre satisfaction sociale.** Il ne s'agit pas de compter un grand nombre d'amis parmi vos relations, ou d'activités sociales auxquelles vous participez, mais de la **qualité** des uns et des autres.

De même, vous êtes le mieux placé pour évaluer votre **inconfort social**. Si vous craignez les interactions sociales au point de refuser des responsabilités au travail (vous êtes par exemple réticent à parler au téléphone ou même à accepter de prendre un verre avec vos collègues), ou encore s'il vous arrive d'acheter des produits dont vous n'avez nullement besoin par impossibilité de dire « non » aux vendeurs, il est peut-être judicieux d'en parler avec votre médecin généraliste et de lui demander conseil.

Chacun a droit à son petit «jardin secret»

Elizabeth a fait un mariage d'amour et a une vie de couple heureuse, du moins en tant que princesse héritière. Son statut de souveraine change la donne: la charge est lourde, et le duc d'Édimbourg se fait difficilement au carcan du protocole. Son humour, ses gaffes, son irascibilité ne sont qu'autant de manifestations d'indépendance, que son épouse ne tarde pas à appréhender. Philip s'évade régulièrement avec son ami Michael Parker. *Thursday Club*, une adresse londonienne branchée, est un de leurs lieux préférés. Bel homme, Philip aimait flirter avec les jolies femmes. Les rumeurs enflent, on évoque même des infidélités (jamais prouvées). La reine soupèse cette situation délicate et les risques qui en découlent. Mais comment s'y prendre?

En 1965, elle propose à son époux de la représenter à l'ouverture des Jeux olympiques de Melbourne. Parti en août, Philip ne rentre qu'en février de l'année suivante. Pendant cette longue absence, il se laisse pousser la barbe, s'intéresse entre autres à une expédition scientifique…

Les retrouvailles entre les deux époux, à Lisbonne, sont détendues: la reine et sa suite attendent le duc d'Édimbourg affublées d'une fausse barbe, allusion amusante à celle qu'il s'est laissée pousser pendant son absence inhabituellement longue. Manier l'humour, provoquer le rire a du bon pour détendre l'atmosphère et faciliter le dialogue, et même la réconciliation. Quelques jours plus tard, Elizabeth II octroie le titre de prince consort à Philip, suivant (sur le tard) le conseil que Churchill lui avait donné deux années auparavant. Le mari de la reine accède enfin à un statut officiel. Autre preuve que la « réconciliation* » est bien réelle, la famille royale s'agrandit : Andrew naît en 1960, puis Edward quatre années plus tard.

Au fil des années, l'amour-passion des premiers temps subit une métamorphose. Pour le faire durer, on a souvent besoin de recourir à un véritable art. Reconnaître les différences, les accepter, les apprivoiser, savoir mener une négociation conjugale efficace et bienveillante afin d'arriver à l'harmonie tant désirée : tout cela, la souveraine britannique a su le faire. Qualifiée de conformiste et d'inflexible par certains, elle a également accepté des concessions et s'est montrée patiente, suscitant par sa conduite l'admiration de son époux. Un exemple parmi beaucoup d'autres, Elizabeth lui a concédé toute décision concernant l'éducation de leurs enfants pour compenser l'autorité paternelle sérieusement écornée par le fait qu'il n'a pas pu leur transmettre son nom.

* Même s'il n'y a pas vraiment eu dispute entre eux.

« J'ai des bras. Je ne suis pas impotent ! »

En s'installant dans ce vaste palais royal de Buckingham, Philip n'appréciait pas particulièrement que le personnel lui ouvre les portes. En outre, il trouvait qu'il y avait trop de valets, de précepteurs et de gouvernantes, et il n'a pas hésité à alléger le décorum par la suite. Six personnes pour assurer le service d'un dîner en tête à tête lui semblait exagéré : un premier employé disposait les verres, suivi d'un deuxième pour l'argenterie, d'un troisième pour la porcelaine, etc.

Côté éducation des enfants, il a insisté pour que les princes Charles, Andrew et Edward suivent la même école écossaise de Gordonstoun que lui, loin des dorures des établissements de prestige.

S'il y a une leçon à en tirer, ce serait (à mon sens) celle-ci : laisser à l'autre la liberté sans laquelle aucune relation solide ne peut se construire, ni durer. Chacun, chacune a droit au respect de son espace intime et à celui de ses valeurs. Cela revient, pour certains d'entre nous, à choisir la voie du compromis. Et alors ? Tous les compromis ne se valent pas, et, notamment dans le couple, quand il y a conflit, faire des concessions pour dépasser l'obstacle et retrouver l'équilibre peut représenter une sorte d'optimum. Une relation de couple résiste aux épreuves si on se donne les moyens de la préserver.

Il faut de tout pour un mariage réussi

Voici une anecdote que les biographes de la famille royale aiment beaucoup raconter. Vous allez vite comprendre pourquoi.

Le couple royal, dont la complicité est légendaire, a toutefois connu des scènes de ménage homériques. Malgré la discrétion, l'une d'elles a été rapportée par une équipe de tournage, lors d'une visite en Australie, en 1954 : voilà le prince Philip qui sort en courant, suivi de près d'une paire de chaussures de tennis et d'une raquette, et enfin de la reine elle-même, qui le rappelle à l'intérieur de l'habitation.

Un peu plus tard, le reporter Loch Townsend, qui avait remis l'enregistrement au secrétaire Richard Colville, s'est vu remercier par Sa Majesté, reconnaissante et... philosophe : « Je suis désolée pour ce bref interlude, mais ce genre de choses arrive dans n'importe quel mariage. »

La reine d'Angleterre est aussi une mère et une belle-mère : savoir accueillir la différence de l'autre

Ses enfants ont-ils été privés d'amour ?

Ce serait prétentieux et malhonnête de croire répondre juste à cette question, qui est d'ailleurs indiscrète et un tantinet impertinente. Mais les questions inconfortables – qu'elles fâchent ou pas – n'ont pas toujours besoin d'une réponse pour justifier leur formulation. **Je vous incite** d'ailleurs **à vous interroger** et à poser courageusement vos questions aux personnes (ou institutions) susceptibles de vous répondre : d'abord, parce qu'il n'y a pas de question bête et, ensuite, parce que c'est par les questions que l'humanité a progressé tout au long de son histoire. Et si, parfois, les « imposants » veulent vous faire croire le contraire, c'est qu'ils ont peut-être des choses à cacher. Alors, que l'on soit bien clair, **s'interroger est le propre de l'Homme, la marque de son esprit critique.** Et je vous rappelle, si besoin est, que ce dernier peut vous épargner bien des soucis !

Mais revenons au sujet : Elizabeth II, bonne tacticienne, aurait sacrifié sa vie de famille à la monarchie, et aurait donc délaissé ses enfants. Dans la galaxie « biographoïde » de la monarque britannique, certains auteurs* soutiennent que la reine n'a pas tellement la fibre maternelle, voire que dans sa relation avec son aîné, Charles, elle a été particulièrement avare en amour. Même avec sa fille, Anne, elle n'aurait pas réussi à être complice. Quant à Edward, son plus jeune fils, à la sensibilité artistique, le lien aurait été également fragile : l'épouse de ce dernier, Sophie, est toutefois la dame de compagnie préférée d'Elizabeth II, et volerait ainsi la vedette au prince. Enfin, on reconnaît parfois à la reine une préférence pour Andrew, le puîné à la réputation sulfureuse. La vérité n'est jamais toute noire ou toute

* Loin de moi l'idée de mettre en doute leur thèse, mais je vous fais remarquer qu'il ne suffit pas de s'intéresser de près à la vie de quelqu'un pour prétendre la connaître dans ses moindres plis, à moins bien sûr de reconnaître qu'on y a mis une part (variable) d'imagination. Par ailleurs, ces biographes n'ont pas toujours côtoyé la monarque qui, vous le savez bien, est d'une discrétion légendaire. Reconnaissons, néanmoins, la difficulté de leur tâche par rapport à ceux de leurs confrères qui, se penchant sur la vie des personnalités défuntes, se laissent plus volontiers accaparer par l'enquête qu'ils mènent et « s'effacent » modestement derrière une méthode et une érudition salvatrices. Écrire sur la vie « immédiate » est certainement moins facile que l'on pourrait l'imaginer.

blanche, et je ne pense pas qu'on puisse ici trancher honnêtement, en donnant une réponse simple. Mais, pour l'avoir suscitée, je voudrais attirer votre attention sur l'actualité de ce questionnement qui s'articule selon un axe double.

D'un côté, la nouvelle place de la femme dans la famille, à la suite de son émancipation par le travail. Puisqu'elle assume désormais des responsabilités, la femme se positionne différemment au sein du couple et, par conséquent, par rapport au soin des enfants. Et ce dans tous les milieux sociaux.

D'un autre côté, le choix de ne pas avoir d'enfant est revendiqué aujourd'hui par un certain nombre de femmes. Vous avez probablement déjà entendu parler des mouvements comme *Childfree*, qui proclament la liberté de ne pas avoir d'enfant. Selon les statistiques, dans les dernières années, la proportion de femmes sans enfant à quarante ans ou à cinquante ans a nettement augmenté en Europe.

Sans vouloir faire ici la sociologie des « sans-enfant », il apparaît donc que, si le travail l'a parfois emporté sur la maternité, ce n'est pas la seule explication. Ce ne sont pas uniquement les heures de travail et les aspirations professionnelles qui ont mené les femmes à vouloir s'affranchir des contraintes anthropologiques de la reproduction biologique. La disjonction et la connexion entre femme et mère est un sujet complexe.

Pour revenir à Elizabeth II, il lui a été sûrement plus difficile de tenir son rôle d'épouse et de mère en même temps que celui de monarque que cela ne l'a été pour son père, le roi George VI – bien que la société ait beaucoup évolué depuis, il est avéré que la charge mentale incombe toujours davantage aux femmes, la reine Elizabeth ne faisant pas exception. A-t-elle considéré qu'avoir des enfants faisait partie de son devoir ? Sans doute. Mais rien ne nous autorise à affirmer qu'il n'y avait que cela. Lorsqu'elle a accouché de son dernier enfant, Edward, elle s'est exclamée : « Quel bonheur d'avoir à nouveau un bébé à la maison ! » La naissance de ses enfants la rendait donc vraiment heureuse. Quoi qu'il en soit, si l'engagement social d'une personne est relativement facile à estimer, sa vie privée devrait la concerner elle seule. Malheureusement, ce n'est pas vraiment le cas ici.

À ce propos, connaissez-vous Procuste, le personnage de la mythologie grecque qui écourtait ou écartelait ses hôtes pour les faire entrer dans le lit qu'il mettait à leur disposition ? **Tel un « lit de Procuste », notre société nous pousse – parfois très subtilement – à changer afin de devenir conformes aux modèles qu'elle nous propose.** Et, naïvement, sans même nous en rendre compte, nous acceptons docilement les contraintes auxquelles elle nous assujettit. **Notre conformisme est peut-être un de nos plus grands ennemis.** Nous avons peur du ridicule, honte d'être méprisés, le désir d'être estimés… Alors nous voulons être comme les autres ou, à défaut, que les autres soient comme nous, qu'ils partagent les mêmes « codes » que nous. **La soumission à la norme nous fait perdre notre esprit critique et, plus grave encore, notre identité propre.**

Gardez-vous donc de porter des jugements sur les autres, proches ou moins proches : d'abord, vous ne disposez pas de toutes les données sur eux et, ensuite, rien ne vous autorise à vous ériger en juge. C'est toujours à l'aune de nos propres valeurs et préférences que nous mesurons les actions des autres. Or, la sagesse voudrait qu'on s'abstienne de leur imposer notre vision du monde : **que ce soit dans la santé, l'éducation, la famille ou dans tout autre domaine de la vie, chacun est libre de vivre comme il l'entend.**

Le corrélat de cette attitude est bien sûr le suivant : **vivez comme vous le souhaitez, quitte à sortir des sentiers tout tracés par la société**, sans craindre le jugement des autres – mais toujours dans le respect de l'autre !

Elle n'aime pas ses belles-filles ?

La vie de cour, on l'a vu, est peu propice à l'épanchement du cœur. On contrôle ses émotions et on laisse le temps régler les problèmes « délicats ». **Priorité est donnée au devoir, à la discipline, à la décence**, et, si besoin, **on consent au sacrifice**. Dans tous les cas, **la discrétion est la règle.**

Cependant, il est difficile, voire parfois impossible, de se couler dans le « moule royal ». Diana Spencer, la belle-fille la plus célèbre d'Elizabeth II, n'a pas su endosser le rôle qui lui revenait. Elle s'ennuyait et ne trouvait pas sa place dans ce monde qui, pourtant, ne lui était pas complètement étranger. Elle ne se sentait pas à la hauteur lorsqu'elle devait participer aux conversations mondaines, et le protocole lui pesait. Mais, surtout, son mariage avec Charles, prince de Galles et héritier du trône, s'est révélé être un échec.

Au-delà de ces considérations somme toute très compréhensibles, la reine Elizabeth II ne l'a sans doute pas aidée à trouver sa place. Elle jugeait le comportement de sa belle-fille irrationnel, ses sautes d'humeur intolérables, ses excès alimentaires (entre boulimie et anorexie) inconvenants. En réalité, les deux femmes n'avaient rien en commun. La princesse de Galles n'aimait ni la campagne, ni les chevaux, ni les promenades dans la nature… Et que dire de ses retards répétés au déjeuner ou au dîner, où l'étiquette interdit à quiconque d'arriver après la reine ?

De toute évidence, Diana ne s'épanouissait pas dans le rôle qui lui était dévolu et il ne restait rien de son rêve romanesque d'avant le mariage. À ce terrible malentendu vint s'ajouter un autre : sa relation ambiguë avec la presse. La princesse semblait, dans un premier temps du moins, contente de se trouver sous les flashs des journalistes : photographiée, filmée, célébrée (son image valait de l'or), alors que Charles trouvait ce harcèlement insupportable. Mais cette « ivresse » tournera aussi au vinaigre. Lorsqu'elle veut régler ses comptes avec sa belle-famille ou qu'elle entend promouvoir les causes humanitaires qu'elle soutient, la « princesse des cœurs » consent à collaborer avec l'« ennemi ». Le souci, c'est que la presse people ne connaît pas de limites, et c'est la vie privée, le domaine interdit qui l'intéresse.

Je ne reviendrai pas sur la fin tragique de Diana, après une course-poursuite dans Paris pour fuir des paparazzis : vous la connaissez. On a alors reproché à la reine son attitude froide, son manque de réaction, son détachement. Sans prétendre connaître ou comprendre ce qui s'est joué, je ne peux m'empêcher de constater que cette impassibilité a pu être observée tout au long de sa vie et de son règne, même dans les circonstances les plus dramatiques, celles où ses sentiments ne pouvaient être mis en doute. Rappelez-vous son attitude au décès de son père chéri, ou apprenez celle qui fut la sienne lors du violent incendie du château de Windsor, le 20 novembre 1992*: le lendemain, affligée, la souveraine se rend sur place et regarde impuissante ce qui reste de sa résidence préférée. Sa détresse est palpable. Pourtant, aucune des personnes présentes n'essaie de lui remonter le moral, pas même son fils, le prince Andrew. Son caractère, son éducation et sa longue expérience de monarque convergent vers ces vertus de discrétion et de retenue (qui sont de moins en moins comprises dans notre monde tapageur).

STIFF UPPER LIP

Ne pas dévoiler ses émotions, toujours se montrer calme et courageux devant l'adversité, font partie du code de conduite d'un gentleman. C'est aussi ce qui définit le fameux *British reserve* ou *British phlegm* (flegme britannique). Quant à l'expression qui constitue le titre de ce paragraphe, elle se traduirait littéralement par « lèvre impassible », « lèvre du haut rigide (raide) », certainement parce que celui dont la lèvre tremble est sur le point de fondre en larmes.

* Pour les Windsor, c'est l'année maudite, *annus horribilis*, marquée par plusieurs scandales familiaux (les frasques de Sarah Ferguson, le « *Camilla Gate* ») et séparations ou divorces (ceux de la princesse Anne, des princes Charles et Andrew).

Mais si Diana ne semble pas avoir trouvé grâce aux yeux de son illustre belle-mère, Camilla, l'actuelle épouse de Charles, ne s'en sortit d'abord pas beaucoup mieux, alors même qu'elle ressemble beaucoup à la souveraine (c'est une autre grande silencieuse). Cependant, Elizabeth II s'est considérablement adoucie dernièrement à son égard : le temps ayant fait son œuvre, elle a enfin pardonné à Camilla d'avoir provoqué la crise qui a tant troublé son règne.

Quant à Fergie, Sarah Ferguson, duchesse d'York, l'ex-épouse de son fils Andrew, dont les excès ont longtemps occupé la presse britannique, elle a été un temps bannie de la famille royale. Mais la voilà qui fait son retour et, surprise (ou pas), Sa Majesté lui a permis de fêter ses soixante ans à Windsor, en 2019, et même de séjourner à Balmoral en 2021. Pas rancunière, la belle-mère !

Enfin, Sophie de Wessex, l'épouse d'Edward, malgré quelques obstacles de parcours, semble avoir gagné la confiance de la reine et, depuis quelque temps, s'est vu propulser au-devant de la scène.

Il semblerait que les relations que la reine a entretenues ou entretient avec ses brus aillent toutes vers un apaisement, une acceptation de cette « cohabitation » – qui sait quelles relations la reine et Diana auraient pu finalement entretenir avec le temps ? N'en est-il pas de même dans toutes les familles ? À chacun de faire l'effort d'accueillir les nouveaux membres, qu'ils soient gendre, belle-fille, mais aussi beau-père, belle-mère. En cela, la reine nous montre la voie.

Par ailleurs, notons la particularité à laquelle la famille royale doit faire face : les relations que ses membres entretiennent les uns avec les autres sont très scrutées. Sans doute excessivement. Et, un peu comme au théâtre, dans le public (je parle, ici, de nous tous), chacun y va de sa déduction, de ses commentaires sur les uns et les autres, selon ses sympathies mais aussi et surtout selon son caractère. Nous portons ainsi un regard subjectif sur ces hommes et ces femmes, en les soumettant sans pitié à notre jugement (pourtant plus ou moins perspicace, plus ou moins ouvert).

Et finalement qu'importe pour eux ! Le peu d'influence que nous avons sur ces gens, si éloignés de nous et de notre vie, est en soi leur protection contre les médisances, les dénigrements, les méchancetés... Nous sommes évidemment plus prudents avec nos proches, qui sont plus susceptibles de réagir à nos propos.

Hmm... le croyez-vous vraiment ? Comment croyez-vous que naissent les rumeurs ? Qui décide de les lancer ? Hélas, pas besoin d'être une personnalité publique pour en être la victime. Les conséquences de nos faits et gestes sont parfois plus graves que nous l'imaginons. Avoir une conduite décente et cohérente en toute circonstance – à l'instar de la reine d'Angleterre – me semble important et nécessaire. Et je dirais que, dans l'absolu, une conduite digne est la plus haute marque d'estime que nous pouvons éprouver à l'égard de nous-mêmes.

La reine d'Angleterre est aussi une grand-mère : donner toute son importance à la transmission

Les grands-parents sont à la mode. On publie des livres pour leur apprendre le « métier », on leur dédie des émissions et, plus prosaïquement, des produits d'usage courant se réfèrent à eux ou se réclament d'eux depuis déjà plusieurs décennies (café, mugs, pâtes, etc.).

Bien sûr, les grands-parents ont, depuis toujours, joué un rôle important dans la transmission entre générations. Je me rappelle avec un infini plaisir les histoires que les miens m'ont racontées, les chansons qu'ils m'ont apprises, les plantes et les animaux que j'ai découverts lors de nos promenades dans les champs et les forêts, les délicieux gâteaux pour les fêtes… et tant d'autres choses exquises que nous avons vécues ensemble !

Les relations entre grands-parents et petits-enfants sont généralement qualifiées de magiques. Les scientifiques ont ressenti le besoin de les passer à la loupe et proposent, par exemple, une explication anthropologique de l'attachement fort qu'une grand-mère ressent pour sa petite-fille ou pour son petit-fils. Elle éprouve les mêmes émotions que ses petits-enfants, et cette empathie émotionnelle aide ces derniers à affronter les premières étapes de la vie.

La souveraine britannique a quatre enfants, huit petits-enfants et onze arrière-petits-enfants*. Elle les aime tous et se montre attentive à chacun. William, le fils aîné de Charles, soit l'héritier de l'héritier du trône, bénéficie toutefois d'une attention particulière de la part de sa grand-mère. Après le décès de la princesse Diana, sa mère, William et la reine se sont beaucoup rapprochés. Lorsque l'adolescent était pensionnaire au collège d'Eton, ils se voyaient tous les dimanches matin au château de Windsor. Au fil du temps, Elizabeth II a transmis à son petit-fils les valeurs traditionnelles des Windsor. De tempérament calme et prudent, William semble répondre parfaitement aux exigences d'un futur monarque.

Vous vous souvenez peut-être de ce mariage fastueux, en 2011, un « sans-faute » sur tous les plans : William et Kate, duc et duchesse de Cambridge, se sont dit « oui » devant un public enthousiaste. Dans les mois qui ont précédé la cérémonie, de nombreuses parodies

* Pour le moment, du moins.

ont vu le jour, certaines allant à la limite de l'impertinence (et parfois la franchissant). Pourtant, **aucune n'a été censurée** (comme quoi monarchie et démocratie ne sont pas inconciliables).

La reine Elizabeth II a donc approuvé ce mariage d'amour de son petit-fils et n'a pas caché sa satisfaction le jour de l'union. Par la suite, son estime pour Kate (Catherine) Middleton s'est confirmée. Et je parie qu'il n'y a pas besoin de vous en donner les raisons : la discrétion de la jeune femme, qui joue parfaitement son rôle d'épouse de prince, son caractère posé et son adaptabilité.

Deux mots maintenant sur le frère de William, Harry, qui a tant fait parler de lui depuis son mariage avec la starlette américaine Meghan Markle. Comment résister à l'occasion de faire le lien avec Wallis Simpson, l'autre Américaine qui a déstabilisé la couronne britannique ? Les deux femmes ont en effet des points communs : toutes les deux sont américaines, divorcées (doublement divorcée pour Wallis), puis remariées avec une tête couronnée.

Meghan, devenue duchesse de Sussex après son mariage, jouit dans un premier temps de la sympathie de la reine et de l'opinion. Mais elle est indépendante, extravertie, son goût pour la célébrité semble la dévorer. Nous ne savons pas comment Elizabeth II a pris ses récentes interviews télévisées aux États-Unis, de véritables attaques à l'égard de la famille royale, mais connaissant désormais son caractère réservé, nous pouvons présumer que ce déballage médiatique n'a pas dû l'enchanter.

Inspirons-nous de son calme légendaire qui fait qu'elle ne se précipite jamais pour riposter mais qu'elle privilégie la réflexion afin de préparer la réplique parfaite. Et, en suivant toujours son exemple, quand il s'agit de nos proches, redoublons d'attention afin de ne pas couper les ponts : cela nous attristerait sans rien nous apporter en échange.

IV.
DU POUVOIR APPARENT À UNE INFLUENCE RÉELLE

Dans les arcanes de la machine royale : se méfier des apparences

Nous l'avons vu, la reine travaille tous les jours. Chaque matin, pendant plusieurs heures, elle lit les rapports et les notes confidentielles du gouvernement, se penche sur les projets de loi de tous les pays dont elle est la souveraine et se tient informée des événements survenus dans le monde. Quotidiennement, on lui remet des coffrets de cuir rouge, les fameuses *boxes*, et elle en étudie minutieusement le contenu afin d'en parler ensuite avec le Premier ministre. On peut donc affirmer sans peur de se tromper qu'elle fait partie des personnes les plus informées des affaires du monde. Mais quels sont alors réellement ses pouvoirs ?

Les boxes

La reine reçoit chaque jour, dans des coffrets en cuir rouge à son monogramme « ER » (Elizabeth Regina), les documents officiels du royaume : débats du Parlement, rapports et notes confidentielles du gouvernement, etc. La souveraine les étudie attentivement et en parle avec son Premier ministre lors de leur entrevue hebdomadaire.

Pour répondre, rappelons brièvement les fonctions du monarque britannique. Elizabeth II est la souveraine officielle du Royaume-Uni de Grande-Bretagne, à savoir d'Angleterre, du pays de Galles et d'Écosse, mais aussi d'Irlande du Nord et des royaumes du Commonwealth (le Canada, l'Australie, la Nouvelle-Zélande, la Jamaïque, la Barbade, les Bahamas, la Grenade, la Papouasie-Nouvelle-Guinée, les Îles Salomon, Tuvalu, Sainte-Lucie, Saint-Vincent-et-les-Grenadines, le Belize, Antigua-et-Barbuda et Saint-Christophe-et-Niévès).

Elle est à la fois chef des armées (elle pourrait déclarer la guerre !) et chef de l'Église anglicane. C'est elle qui nomme le Premier ministre, issu de la majorité parlementaire. Elle a le pouvoir de s'opposer à des lois (celles-ci sont d'ailleurs promulguées en son nom) et celui d'accepter ou de refuser la dissolution du Parlement.

Il ne tient donc qu'à elle d'influer sur la vie politique du pays. Est-il juste de croire, dans ces conditions, que son rôle se restreint à celui de symbole, d'autorité morale, de garante de l'identité britannique ?

Le *Bill of Rights*

Les premières limitations au pouvoir monarchique en Grande-Bretagne remontent à la Glorieuse Révolution de 1688. Le Parlement s'émancipa alors définitivement de la Couronne, réduisant progressivement la marge de manœuvre du roi. La déclaration des droits – *Bill of Rights* – répertoriait les droits constitutifs des libertés anglaises (liberté d'expression, liberté de religion, liberté de la presse, droit de détenir des armes, réunions fréquentes du Parlement, liberté des élections, etc.). Précision importante : aucune Constitution n'est venue stipuler ces changements. Étape suivante, le Parlement instaura la Liste civile (1697), par laquelle il contrôlait les revenus du monarque : une somme était ainsi attribuée à ce dernier pour qu'il exerce ses fonctions représentatives en temps de paix.

Faire preuve de diplomatie, à la manière de la reine d'Angleterre

Si l'impartialité politique d'Élisabeth II est bien connue, tout comme son sens du devoir, il ne faut pas croire qu'elle se limite à une fonction de représentation. Vous l'avez compris, son influence est réelle et d'autant plus subtile qu'elle s'exerce à l'abri des témoins, depuis son salon de Buckingham, où elle reçoit le *Prime Minister* une fois par semaine. **La reine sait écouter et, lorsqu'elle donne son avis, elle va toujours dans un sens d'apaisement et de conciliation.** Si elle a choisi d'être une sorte d'arbitre ou de conseiller, c'est parce qu'ainsi elle préserve la monarchie des tempêtes politiques.

Point fixe dans l'agenda d'Elizabeth II : son entretien hebdomadaire confidentiel avec le Premier ministre. Et on notera que, dans son long règne, elle en a connu une quinzaine toutes couleurs politiques confondues. Leurs relations sont généralement harmonieuses, cordiales, mais jamais amicales : c'est une évidence, puisque l'intérêt du pays l'emporte sur ses goûts personnels, et la reine a toujours été... professionnelle. Il faut préciser aussi qu'elle s'est fait guider par l'un des meilleurs. Eh oui, rappelez-vous, la jeune souveraine a eu pour premier Premier ministre un certain Sir Winston Churchill – une chance dont elle est consciente. Personnalité forte, intelligence vive, sans parler de l'atout que lui donnait la victoire sur l'Allemagne nazie, je ne vous présenterai pas Winston Churchill, ce monstre sacré. Sachez, en revanche, qu'à son tour le « vieux lion » était tombé sous le charme de la reine débutante. Leur collaboration fut donc opportune, salutaire et efficace dans cette période instable qu'étaient les années 1950.

Pour la petite histoire, la reine et Churchill partageaient la passion des chevaux et, lorsqu'ils avaient fixé la date du couronnement le 2 juin 1952, ils avaient pris soin de ne pas perturber la tenue du Derby d'Epsom du 6 juin...

Parmi ces Premiers ministres avec qui elle a travaillé, arrêtons-nous un instant à Mrs Margaret Thatcher, la célèbre « Dame de fer ». Celle-ci avait le même âge que la reine et était adepte du même style vestimentaire sobre (ligne stricte, collier de perle, brushing gonflant). Ses origines modestes, son austérité économique, son opiniâtreté, son manque de compassion*,

* François Mitterrand disait d'elle qu'elle a « la bouche de Marylin et le regard de Caligula ».

la situent pourtant à l'opposé de la souveraine, dont le rôle est d'assurer l'équilibre, le consensus de la nation. Leurs relations étaient, semble-t-il, tendues, et leurs désaccords nombreux. Cependant, Elizabeth II a assisté en personne aux obsèques de lady Thatcher (en avril 2013, à la cathédrale St Paul), alors que rien ne l'y obligeait (le monarque n'est nullement tenu d'aller aux enterrements).

Bienvenue au club[*]

En 1977, Elizabeth II fêtait ses vingt-cinq ans de règne, le Jubilé d'argent. Le groupe de punk rock Sex Pistols se saisit de l'occasion et détourna *God Save the Queen* en un brûlot antimonarchiste. Et dire qu'ils n'y sont pas allés de main morte serait un doux euphémisme : *God save the Queen, she hates the human being ; There's no future in England's dreaming*[**]...

Et comme si ce n'était pas suffisant, l'image s'ajouta aux paroles : sur les affiches, la reine était représentée le nez pincé d'une épingle à nourrice ; la pochette reprenait le portrait de la reine et

* C'est le titre d'un excellent roman de Jonathan Coe, que je vous invite à lire afin de découvrir l'Angleterre des *seventies*. Une bande de potes, de l'humour *British*, une époque proche et pourtant éloignée de la nôtre (avant Internet, Facebook et les chaînes de restauration rapide...). Lecture à compléter – si affinités – par *Le Cercle fermé* et *Testament à l'anglaise* du même auteur, une satire des années Thatcher.

** « Que Dieu sauve la reine, elle n'aime pas l'être humain ; Le rêve de l'Angleterre n'a pas d'avenir... »

les couleurs du jubilé (bleu et argent), mais le titre de la chanson et le nom du groupe venaient cacher ses yeux et sa bouche. *Shocking!*

Le contexte socio-économique au Royaume-Uni explique cette poussée révolutionnaire du groupe. Le pays est alors en perte de vitesse*: chômage, inflation, grèves, attentats de l'IRA… Les problèmes auxquels étaient confrontés les Britanniques pendant cette décennie n'étaient pas des moindres. La suite, nous la connaissons: l'avènement de la « Dame de fer », l'un des grands acteurs politiques des années 1980.

* Le Premier ministre d'alors est le travailliste James Callaghan. Margaret Thatcher lui succédera.

Savoir écouter, comme la reine d'Angleterre

Elizabeth II est connue pour être une grande silencieuse. Afin de comprendre ce trait de caractère, nous devons imaginer ces entretiens entre la reine, attentionnée et en même temps extrêmement discrète, et le représentant de l'exécutif, quel qu'il fût.

Selon ses propres (et rares !) confidences, elle gère ces échanges sereinement, avec beaucoup de disponibilité. Pour rendre compte de son rôle, elle recourt avec modestie à l'image de l'éponge : « Il est agréable de sentir que l'on est une espèce d'éponge, et que tout le monde peut vous dire ce qu'il a sur le cœur. »

Qu'on s'informe avant de donner son avis, cela tombe sous les sens. Nous oublions souvent à quel point le silence est nécessaire à l'étude, à la compréhension. Cependant – il suffit d'observer le monde autour de nous –, le silence ne nous est pas naturel. Certains d'entre nous sont timides, pudiques ou simplement prudents ; d'autres arrivent, par la discipline, à cette sobriété, cette retenue, ce tact… nommez-le comme vous voulez.

Écouter, c'est se montrer disponible, mais aussi observer, interpréter, analyser les propos, les gestes, les non-dits. En écoutant attentivement son interlocuteur, Elizabeth II fait preuve de discernement, de prudence, de bon sens, de clairvoyance. Parfois, elle donne son point de vue avec raison et justesse. Toutes ces qualités, nous les voyons de plus en plus rarement à l'œuvre autour de nous. Pourquoi cela ? Vous êtes-vous déjà posé la question ?

Naturellement, tant de précautions de la part d'une reine doivent vous interpeller. Et si on oubliait un moment à qui nous avons affaire ?

La capacité à écouter (et même d'écouter beaucoup), à résister à l'envie de donner son avis à tort et à travers (et souvent même lorsqu'on a toutes les raisons de le faire), à rester poli et attentionné même quand ce qu'on nous raconte ne va pas tellement dans la direction qu'on aimerait… avouez que vous ne connaissez pas grand monde qui réponde à ces critères exigeants. Évidemment, me répliquerez-vous, tout le monde n'a pas ses entrées à Buckingham Palace. Ce n'est pas moi qui vous contredirai. Seulement n'y a-t-il pas matière à se poser la question sur les bénéfices d'une telle attitude ?

Faire preuve de modestie, se montrer disponible, savoir qui et quand consulter, prendre le temps de considérer chaque information en notre possession :

pourquoi cette conduite serait-elle réservée aux têtes couronnées ? Ne devrait-on pas y voir un talent que nous possédons également ? Une démarche dont nous devrions nous inspirer ? Dans le bruit ambiant, savoir garder le silence nous aiderait à mieux nous faire entendre…

COMMENT EXERCER

Savoir écouter, être disponible, donner son avis sans chercher à l'imposer, tout cela est bien beau, mais peut-on réellement s'empêcher d'influencer son interlocuteur ? Et d'ailleurs est-il mauvais de le faire ?

Nous venons de le voir, les entretiens réguliers de la reine avec ses Premiers ministres et autres hommes politiques ne se résument pas aux politesses et à la météo. Et si la discrétion de Sa Majesté est certes légendaire, son prestige et son influence le sont tout autant. « Elizabeth la silencieuse[*] », comme on l'a surnommée en raison de sa réserve, exerce donc une influence certaine sur ses différents interlocuteurs. Et il me semble qu'il y a une leçon importante à en tirer.

* Surnom donné par l'historien David Starkey.

SON INFLUENCE

Qui nous influence ? Qui influençons-nous ?

Adopter un point de vue ou modifier son comportement sous l'influence de sa famille, d'un ami, d'un voisin, de la mode, etc., cela nous arrive tout le temps. Comme il nous arrive d'influencer, nous aussi, notre entourage. On le fait parfois de façon délibérée, d'autres fois sans même nous en rendre compte. En outre, les enjeux et les motivations peuvent varier fortement. Dans tous les cas, il nous faut reconnaître qu'avoir une emprise sur l'autre nous fait souvent plaisir et peut même s'avérer grisant pour nombre d'entre nous.

L'influence que nous subissons ou faisons subir aux autres peut être faste ou néfaste, selon qu'elle exerce ou non une pression sur la personne en question, selon qu'elle perturbe ou non son rapport au monde. Nous grandissons sous l'influence de notre famille, de nos éducateurs, de nos amis. Le besoin de dialogue de l'adolescent avec les adultes qui l'entourent, mais aussi du patient avec le corps soignant, voire plus généralement de chacun d'entre nous avec les autres, nécessite sincérité et bienveillance. Dans le cas du thérapeute, cela doit aller encore plus loin, selon le code de déontologie qui impose que le patient bénéficie d'un conseil honnête et d'un « consentement éclairé ».

Les modèles que nous nous choisissons nous influencent : et cette influence-là nous aide à nous construire, elle contribue à nous constituer en tant que personne. Mais **lorsque l'influence devient manipulation, qu'elle nous force à agir contre notre intérêt, savoir s'en protéger pour conserver sa liberté, son libre arbitre, devient essentiel.**

Influence et manipulation

Vous avez senti qu'entre les deux, la seconde est mauvaise, mais vous avez peut-être un peu de mal à dire pourquoi. Eh bien, **quand on veut influencer son interlocuteur, on s'emploie à le convaincre de quelque chose, ou à changer sa conduite, sans se cacher** : on montre son jeu, on reste donc dans l'échange ouvert, poli, respectueux. Quand on manipule, c'est une tout autre affaire : l'interlocuteur devient une marionnette qu'on contraint, par des moyens détournés (et souvent malhonnêtes), à changer ; décomplexé et sans aucun remords, le manipulateur agit pour son propre compte et prive ainsi autrui de sa liberté en lui faisant croire que c'est « pour son bien ». Les techniques de manipulation, qui visent à contrôler l'autre, sont nombreuses : la flatterie, l'illusion de liberté, la dévalorisation, le chantage affectif, la séduction, l'autorité, la menace, la peur, la culpabilité, etc. La plus efficace de ces méthodes est sans doute la peur, facile à déclencher et qui, à un degré ou un autre, nous concerne tous et peut annihiler notre esprit critique.

Il arrive parfois que l'influence et la manipulation usent des mêmes tactiques ; la différence est que la première peut vous faire du bien, tandis que la seconde est toujours au service de celui qui l'exerce.

Et parmi les armes du manipulateur, arrêtons-nous un instant sur la censure, voulez-vous ?

Censure et liberté d'expression

Hélas, le phénomène de la censure, lié à la liberté d'expression, peut tous nous concerner un jour ou l'autre.

La **liberté d'expression** – vous n'êtes pas sans le savoir – est l'un des principaux droits de l'Homme, stipulé par les articles 10 et 11* de la Déclaration des droits de l'homme et du citoyen

* « *Nul ne doit être inquiété pour ses opinions, mêmes religieuses, pourvu que leur manifestation ne trouble pas l'ordre public prévu par la Loi* » et « *La libre communication des pensées et des opinions est un des droits les plus précieux de l'Homme : tout citoyen peut donc parler, écrire, imprimer librement, sauf à répondre de l'abus de cette liberté dans les cas déterminés par la Loi* ».

de 1789. Remontons donc l'histoire du mot « censure » pour mieux comprendre le sens (et la réalité) qu'il recouvre.

Dans l'Antiquité, au IIe siècle, la fonction de *censor* revenait au magistrat romain qui assurait le recrutement du sénat et la surveillance des mœurs : le terme désignait alors un jugement sévère, un examen. Au XIVe siècle, il visait la « peine ecclésiastique », mesure disciplinaire que l'Église prenait contre l'un des siens. À la Renaissance, le terme signifiait l'action de critiquer les œuvres, les propos ou la conduite d'une personne. Enfin, la Révolution française vit apparaître les deux sens modernes de la censure, à savoir le **contrôle des publications par une autorité** et la **sanction qu'un groupe détenant le pouvoir** (politique, administratif, professionnel, etc.) **inflige à l'un de ses membres**.

La censure n'agit pas seulement dans le domaine politique. À une plus petite échelle, nous y sommes tous confrontés. Ainsi, le chef d'entreprise, le leader d'un parti ou de n'importe quel groupe humain, est parfois confronté à des conflits idéologiques l'opposant aux autres membres. De sa position de pouvoir, la tentation est alors grande d'imposer son point de vue et de faire taire les voix dissonantes.

En exigeant le silence de ceux qui ne pensent pas comme nous, en « arrangeant » les données pour qu'elles servent notre façon de voir les choses ou simplement en taisant des affaires qui devraient être connues, nous censurons les autres et nous déformons la réalité…

Il arrive même que nous nous autocensurions, tantôt pour faire plaisir à notre supérieur, tantôt pour éviter des ennuis. Je sens déjà votre indignation grandir devant ces lignes : vous ne feriez jamais cela ! Pas de manière consciente, certes. Mais si vous êtes un tant soit peu honnête avec vous-même, vous accepterez qu'en chacun de nous se cache, hélas, un petit dictateur ou une victime impuissante.

Je vous convie donc à tenir tête à la fois au « despote » et au craintif qui somnole dans un coin de votre tête. Cela passe par une préparation qui ne vous est pas étrangère : **informez-vous du mieux que vous pouvez, faites appel à votre capacité d'analyse et à vos connaissances, continuez de lire des livres pour affiner votre pensée et porter sur le monde complexe dans lequel nous vivons un regard juste et aussi objectif que possible**. Restez vigilant ! Tout mouvement qui interdit de penser, d'écrire et de s'exprimer librement, doit vous alerter. Et si vous avez quelques doutes devant une intimidation ou une menace, ou si votre courage faiblit, rappelez-vous les mots de Victor Hugo :

« **Sauvons la liberté, la liberté sauve le reste***. »

* Victor Hugo, *Choses vues*, 1851.

Tu récolteras ce que tu auras semé

Sachez maintenant que nous sommes tous manipulables. Nous avons chacun nos zones vulnérables, nos carences. Alors, non seulement prendre le temps de réfléchir avant toute décision importante est essentiel, mais il convient aussi de veiller à **garder notre intégrité morale** : ne pas devenir soi-même un manipulateur, ne pas se laisser corrompre, ne pas infliger à l'autre le même traitement dégradant.

La manipulation est partout et, pour la démasquer et la combattre, commençons par nous-mêmes : on pourra s'en défendre **en développant notre discernement, en s'instruisant** sur le sujet en question et **en travaillant notre regard sur les situations** que nous sommes en train de vivre.

Voici **quelques pistes pour résister à la mauvaise influence**, et notamment à la manipulation.

- N'acceptez pas de services si vous n'en connaissez pas les raisons ou si vous soupçonnez une malveillance.
- Ne vous laissez pas déstabiliser : trouvez-vous des arguments solides et travaillez votre répartie.
- Dans une relation, l'échange doit être équitable : soyez donc attentif à cet aspect.
- Attention aux beaux discours et aux (fausses) promesses. Parler trop empêche souvent d'agir.
- Identifiez et apprivoisez vos peurs : peur de la mort, de la maladie, de la solitude, de l'exclusion, etc. Les

surmonter demande du courage, de la patience et un effort considérable.

- La manipulation trouve dans le pouvoir son milieu privilégié. C'est là que vous risquez de rencontrer les individus les plus sournois, des « experts » dans cet art de soumettre l'autre, de le rendre dépendant. Alors, méfiez-vous !
- Prenez de la distance par rapport aux médias : vérifiez toujours une information délicate ou importante pour vous, en confrontant plusieurs sources. Ce n'est pas parce qu'on en parle à la télé que c'est vrai ! Bien des siècles en arrière, Juvénal, le célèbre poète latin, attirait déjà l'attention de ses contemporains par une formule devenue célèbre : *Panem et circenses* (« Du pain et du cirque »). Divertir le peuple afin qu'il ne conteste pas le pouvoir… Et si le cirque antique était devenu notre télé ?
- Enfin, et surtout, n'oubliez pas d'éloigner de vous le désir de manipuler l'autre.
- Ne soyez pas non plus complice de la dévalorisation de quelqu'un.

V.
LA REINE
ET LE MONDE

Garder son esprit critique, comme la reine d'Angleterre

La reine d'Angleterre fuit les caméras et elle semble détester les journalistes, ou en tout cas s'en méfier. Et il faut bien dire qu'elle n'est pas la seule. La tendance est claire : le peuple aussi se méfie de plus en plus des journalistes, mais peut-être pas pour les mêmes raisons.

Pas étonnant que, dans une société du spectacle, où l'on est constamment « en représentation », où l'on se donne en pâture aux médias pour occuper le devant de la scène, on la surnomme « Elizabeth la silencieuse ». Le paradoxe vient de sa fonction qui implique de vivre sous le regard des autres, et de sa réserve choisie : elle ne donne que rarement des interviews, elle ne dévoile jamais sa pensée ni son âme au public. Cela contribue au mystère qui entoure sa personne et son personnage.

Bonsoir, Mr Bond !

Les fans de James Bond se rappellent encore la cérémonie d'ouverture des Jeux olympiques de Londres 2012, et plus particulièrement l'incroyable séquence où Sa Majesté est secourue par l'agent 007. La scène a été imaginée par le réalisateur Danny Boyle pour la promotion de son film *Skyfall*, troisième volet de la série avec Daniel Craig.

Nous connaissons les coulisses de ce tournage grâce à Angela Kelly, la couturière d'Elizabeth II. Amusée par l'idée, la souveraine a tout de suite accepté la requête du réalisateur. Sa seule condition a été de pouvoir prononcer une réplique durant cette scène : « Bonsoir, Mr Bond ! »

COMMENT BIEN S'INFORMER
ESQUIVER LES « NOUVEAUX

Les informations nous assaillent de toutes parts ; qu'on le veuille ou non, c'est un fait : les voix de la radio, les images de la télé, ou encore les gros titres de la presse nationale ou régionale, s'invitent dans notre vie à tout instant. Mais si les médias sont de plus en plus présents dans notre quotidien, la qualité de l'information qu'ils nous proposent s'amoindrit au fil des années.

* J'emprunte cette expression à Serge Halimi, dont je vous recommande le livre *Les Nouveaux Chiens de garde*, publié en 2005. Lui-même est inspiré par Nizan, qui s'insurgeait dans son temps contre les philosophes, perçus comme des gardiens de l'ordre bourgeois. Les deux textes sont à charge contre le prétendu désintéressement des intellectuels (philosophes d'hier, ou journalistes et experts médiatiques d'aujourd'hui), dont les intérêts (financiers ou autres) sont percés à jour. Ces derniers revendiquent hypocritement d'être au service du peuple, alors qu'ils le trahissent sans remords en se laissant corrompre par le pouvoir.

AUJOURD’HUI OU COMMENT CHIENS DE GARDE* »

L’expression « chiens de garde », que j’ai utilisée dans le titre, rend compte d’une situation paradoxale. **Dans une démocratie, les médias et la justice jouent un rôle de contre-pouvoir.** Il revient ainsi aux journalistes de représenter la **pluralité des regards** que nous portons sur la société : **aux points de vue du pouvoir, ils sont censés opposer** honnêtement (et parfois courageusement) des **« points d’observation »**. Vous saisissez la nuance ?

Pour informer et expliquer la réalité à leur public, les médias ont ce devoir d’**interroger les faits et les personnes,** de **rester critiques en toute circonstance,** de se tenir loin de toute idéologie et de tout militantisme. Ce n’est pas une tâche facile, évidemment. Or, ce rôle de contre-pouvoir semble de moins en moins tenu, et la « connivence » des journalistes avec le pouvoir de plus en plus pointée du doigt. Sont ainsi incriminés – à tort ou à raison – la docilité, la corruption, la « pensée unique », le cynisme, et j'en passe. Ces manquements endommagent leur légitimité, en même temps que notre confiance en eux. **Les journalistes auraient-ils vendu leur âme au diable ?**

J'attirerai votre attention sur une certaine **uniformisation à l'œuvre** dans et par les médias : d'une chaîne télévisée à l'autre, nous avons droit à la même information, puisqu'elles racontent toutes la même chose, et presque au même moment.

Penchons-nous ensuite sur la presse écrite : ce n'est guère mieux. Certes, la lecture nous apportera toujours quelque chose de plus par rapport à l'abêtissement des contenus audiovisuels, mais force est de constater que les journaux ne s'en sortent pas beaucoup mieux. De plus en plus, la **propagande médiatique** soulève des enjeux démocratiques, tant le rôle de contre-pouvoir joué autrefois par les médias semble aujourd'hui s'affaiblir : un **contre-pouvoir aux mains du pouvoir**, cela ne se peut pas.

Enfin, nouveaux venus dans le paysage, les ressources Internet et les réseaux sociaux progressent face aux sources d'information traditionnelles, mais peuvent s'avérer dangereux si nous n'avons pas le recul critique nécessaire pour les aborder.

Il est donc plus qu'urgent de nous secouer. **Construire sa propre grille de lecture du monde**, porter un regard critique sur l'actualité, nécessite **des habitudes intellectuelles saines et rigoureuses.**

Vous avez parfois du mal à vous retrouver dans le tourbillon des actualités ? Vous souhaiteriez vous tailler des sentiers dans la jungle des informations mais vous manquez de critères sûrs pour le faire ? La tâche vous semble difficile, voire impossible ? Il n'en est rien. Vous êtes tout à fait capable d'y arriver. Il s'agit simplement, comme toujours, d'adopter quelques bons réflexes.

« Les mots peuvent ressembler aux rayons X.
Si l'on s'en sert convenablement,
ils transpercent n'importe quoi. »

Aldous Huxley

Comment faire une lecture critique de l'actualité ? Des pistes pour vous engager dans cette voie

Je vous conseille de commencer votre « apprentissage » de la lecture critique par la presse écrite. Vous pourrez ensuite reporter les bénéfices de votre méthode sur les autres types de médias. La radio me semble également bien se prêter à l'analyse.

Suivez donc cet itinéraire en dix étapes.

1. Posez-vous les bonnes questions dès le début. **Quel journal êtes-vous en train de lire** : un quotidien, un hebdomadaire ou un mensuel ? National

ou régional ? S'agit-il d'une publication satirique ? **À qui appartient-il ?**

La ligne éditoriale d'un journal et son financement vous renseigneront sur son degré d'objectivité et sur la façon dont une information est traitée. Sans se reconnaître ouvertement comme porte-parole d'une idéologie, chaque média possède une sensibilité propre qu'il est important d'identifier (à gauche, à droite, au centre, indépendant… ou presque). Conséquence de cette impossible impartialité journalistique : nous avons tous nos préférences, moi la première. Mais entre un **point de vue subjectif** (un article « incarné ») et la **propagande** (qu'elle soit d'État ou autre) il y a une distance que nous devons pouvoir mesurer et prendre en compte.

2. Avant toute chose, prenez l'éditorial de votre journal habituel et identifiez le sujet dont il traite. Il vous faudra confronter au moins deux sources différentes (plusieurs seraient souhaitables) : prenez un autre journal et cherchez un article qui aborde le même sujet.
3. À quelle place l'information qui vous intéresse figure-t-elle : à quelle page ? À quelle position ? Sur quelle ampleur ? Est-elle mise en avant ou non ? Enfin, posez-vous ces questions simples : qui ? quand ? où ? comment ? pourquoi ? Vous commencez à avoir votre petite idée, je parie, quant aux enjeux de ces choix. Mais continuons…
4. Que vous apprend la structure interne de l'article, à savoir son titre, son sous-titre, l'image choisie pour

l'illustrer ? Remarquez que **le ton, les arguments, l'illustration et les exemples retenus** présentent l'événement selon un certain angle de vue. Toujours ! Saurez-vous le reconnaître ? Parfois, en fonction de la nature de l'article qui vous intéresse, vous aurez besoin de faire appel à votre culture générale : pour suivre un conflit international, par exemple, des connaissances de géographie et d'histoire ne vous seront pas inutiles…

5. Je vous encourage maintenant à vous exercer sur le deuxième article traitant du même sujet et provenant d'un journal différent (celui que vous n'ouvrez jamais, si possible) : amusez-vous à y chercher les petits détails qui le différencient du premier, en essayant de répondre aux mêmes questions que précédemment, mais aussi en cherchant – par exemple – les connotations positives ou négatives des termes employés. Quant aux **chiffres et statistiques** utilisés, s'il y en a, interrogez-vous sur leur origine et l'échelle utilisée. Car **on peut discuter de tout** : même (et surtout !) des chiffres.
6. N'oubliez pas non plus que l'**image** a un pouvoir évocateur puissant et peut, de ce fait, être très manipulatrice… ou pas du tout. La décrypter n'est pas toujours aisé au début mais, avec de l'entraînement, vous arriverez à de beaux résultats.
7. Sachez, enfin, que le travail d'un bon journaliste consiste à trier l'information et à la vérifier. Néanmoins, évaluer la source pour juger de la véracité du contenu promu, c'est la démarche qui nous

échappe le plus, à nous, lecteurs. Et c'est ici que nos connaissances personnelles jouent encore : je pense à la **culture générale, ce dialogue des connaissances indispensable à une réflexion autonome***.

L'information par le son et par l'image (radio, télévision, Internet) a façonné un public nouveau, des attentes et des habitudes nouvelles. Mais soyez convaincu que, pour éviter une errance stérile à travers le labyrinthe médiatique, vous aurez besoin **de bons réflexes intellectuels et d'une solide culture générale.** Appliquer cette méthode (ou une autre) pourra vous paraître long au début : néanmoins, **si vous persévérez, vous aurez le coup d'œil** pour repérer très rapidement les petits détails essentiels qui, jusque-là, vous auraient échappé.

8. Lors de vos voyages – le week-end, en vacances, ou tout simplement quand vous rendez visite à votre famille vivant dans un autre coin de notre beau pays –, profitez-en pour **lire la presse régionale** afin de prendre le pouls de la région où vous séjournez de manière plus authentique. Vous n'en serez pas déçu.

* « Un individu inculte n'a qu'un horizon de pensée limité, et plus sa pensée est bornée à des préoccupations médiocres, moins il peut se révolter. » (Günther Anders, *L'Obsolescence de l'homme*, 1956.) Voici un livre que je vous recommande chaleureusement, ainsi que le roman *1984* de George Orwell, pour accompagner ceux des grands maîtres de la sagesse antique (dont Sénèque, Marc Aurèle, Épicure…). N'attendez donc pas pour ouvrir ces livres : vous ne douterez plus du pouvoir de la culture de changer le monde.

9. **Augurez de la suite en jouant au devin** : lorsqu'un événement vous intrigue, imaginez quelle sera son évolution dans le futur. Cela peut se révéler instructif de développer ainsi votre sens de la prospective, que ce soit dans les domaines politique, économique ou social. L'exercice est relativement facile dans notre société, si obsédée par les sondages.
10. Soyez toujours conscient que tous les journalistes, même vos préférés, interprètent les événements et transmettent un point de vue engagé. De même, des personnalités du monde artistique (acteurs, chanteurs…) et parfois des intellectuels peuvent s'ériger en « maîtres à penser » et chercher à exercer leur influence sur l'opinion, oubliant que **chacun est capable de penser par lui-même, de lire, de discuter avec son entourage… Méfiez-vous des influenceurs !**

En conclusion, il est salutaire, pour développer votre pensée critique, de **diversifier vos sources d'information** et d'**échanger avec des personnes dont l'opinion diffère de la vôtre** : c'est une gymnastique intellectuelle qui, pratiquée avec courtoisie et honnêteté, vous apportera des satisfactions à la longue. Paradoxalement, dans ce domaine du moins, vos « opposants » vous apportent beaucoup plus que ceux que vous considérez comme vos « amis ».

Tous de grands voyageurs, comme la reine d'Angleterre !

« Le plus beau moment de la vie humaine
est un départ vers des terres inconnues. »

Sir Richard Francis Burton*

Les voyages forment la jeunesse. Vous ne contesterez sans doute pas l'assertion de Montaigne, devenue avec le temps un lieu commun. Pourtant, elle ne s'est guère appliquée à la princesse Lilibeth, qui avait fort peu voyagé dans son jeune âge en raison des circonstances particulières qu'elle avait connues, dont la guerre. Elle s'est rattrapée plus tard, comme nous le savons,

* Sir Richard Francis Burton (1821-1890) est un érudit britannique (il parlait vingt-neuf langues !), traducteur des *Mille* et *Une Nuits* et du *Kama-sutra*. Personnalité hors du commun, il a été officier militaire, explorateur hardi, écrivain, traducteur, orientaliste, ethnologue, diplomate…

puisqu'elle compte mille voyages à son actif sur tous les continents ! Paradoxalement, d'ailleurs, puisque Elizabeth II est plutôt casanière, et presque routinière.

Sortir de sa vie bien réglée pour fouler les tapis rouges des pays du monde entier, rencontrer des peuples étrangers, échanger avec les dirigeants de tous les continents… c'est excitant et en même temps délicat. Et, pourtant, Sa Majesté a toujours réussi ses « prestations ». Comment a-t-elle fait, sachant que les enjeux diplomatiques de sa fonction sont très subtils et que ses discours sont écrits par le *Foreign and Commonwealth Office** (mais elle les corrige toujours) ? C'est tout un art ! Et elle le maîtrise à la perfection. La souveraine a pour elle l'Histoire, qui lui confère une légitimité sans faille et aussi une vision plutôt saine et équilibrée de la situation internationale (elle déjoue habilement les pièges qu'on lui tend), le savoir-faire (qui vient avec le temps et l'entraînement), le geste juste et la conversation sensée…

Aller à la rencontre des autres, découvrir des lieux nouveaux et des cultures différentes, gagner en autonomie, mais aussi se connaître soi-même. Il y a tant de manières de voyager ! À pied, à vélo, à cheval**, au volant d'une voiture, en train, en avion… À chacun de

* Le bureau des Affaires étrangères et du Commonwealth.

** À ce sujet, je vous suggère de lire le livre de Gaspard Kœnig, *Notre vagabonde liberté. À cheval sur les traces de Montaigne*, qui parcourt 2 500 kilomètres à travers l'Europe, du Périgord à la Toscane, en passant par la Bavière, explorant des thèmes comme la relation homme-animal, les conflits religieux, la diversité des cultures, la nature…

trouver le moyen de transport qui convient à son goût et à sa bourse : plus d'excuse !

Même celui qui n'aime pas voyager voyage à travers ses lectures ! J'ai connu une dame âgée qui pouvait « se promener » dans Paris avec une aisance que je n'ai toujours pas acquise alors qu'elle n'y avait jamais mis les pieds. La vie est un voyage, et le voyage est la vie !

Aujourd'hui, on pense que voyager est devenu banal parce que prendre la route, faire du tourisme, est à la portée de tout le monde, ou presque. Oui, mais qui est voyageur ? Et, surtout, *touriste* et *voyageur* sont-ils des termes équivalents ? En voilà des questions, si le temps ne vous fait pas défaut et si l'aventure vous tente !

Le touriste, on le sent, est un peu moins qu'un voyageur : celui qui se plie aux impératifs du déplacement extérieur néglige le plus souvent les mouvements de l'âme. Jacques Lacarrière, ce grand connaisseur de la Grèce, introduisait une autre distinction en opposant au *voyageur* le *voyagé* ; ce dernier est celui qui ne pense plus parce qu'on agit à sa place. Alors qui sommes-nous ? Et comment pourrions-nous faire pour retrouver la dimension profonde du voyage ?

Que vous l'envisagiez comme une errance ou comme une façon de vous cultiver, je vous invite à préparer votre voyage et à établir votre itinéraire avec la plus grande attention. Un peu comme la reine d'Angleterre le fait, elle qui ne laisse rien au hasard. Ainsi, parmi ses nombreux déplacements à travers le monde, il y a eu la visite historique de 2011 en Irlande. Pourquoi « historique » ? Parce que depuis l'indépendance, en 1921, aucun monarque britannique ne s'y était rendu.

Elizabeth II a donc conscience de l'importance de sa mission, qui est une réconciliation. Dès sa descente de l'avion, le ton est donné : la souveraine est habillée dans les couleurs nationales de l'Irlande ; au banquet organisé en son honneur au château de Dublin, elle portera une robe cousue de fleurs de trèfles et ornée d'une broche en forme de harpe – les deux symboles de l'île. Son discours, commencé par quelques mots en gaélique, affirme sa compassion pour les victimes des deux côtés… Des gestes discrets (elle incline la tête ou baisse le regard au moment opportun…) expriment son chagrin, qui est sincère. Le moindre petit détail est significatif, le hasard est banni. On voit ainsi combien la reine a préparé minutieusement son voyage et l'a abordé avec humilité et profondeur d'âme.

Si vous voulez profiter au maximum de vos séjours, si vous entendez donner du sens à vos rencontres, il est important de savoir qui vous êtes et ce que vous attendez. Chacun de vos voyages vous apportera ainsi son lot d'émotions et de découvertes, et vous ne serez jamais déçu.

Apprendre les langues pour s'ouvrir au monde, comme la reine d'Angleterre

Cinq voyages chez les « **froggies** »

La reine Elizabeth II est sans conteste la souveraine britannique la plus francophile. En 2014, elle a choisi la France pour effectuer sa dernière visite d'État* : elle refermait ainsi la boucle, en quelque sorte, puisque son premier séjour à l'étranger, en 1948, avait eu lieu à Paris, tout comme sa première visite d'État en 1957.

Au total, la souveraine est venue en France pas moins de cinq fois tout au long de son règne, ce qui nous classe comme le pays étranger le plus visité après le Commonwealth. Ce n'est pas rien, avouons-le. La reine d'Angleterre aime la France et elle ne l'a jamais caché.

* Cette cinquième et dernière visite d'État a eu lieu à l'occasion du soixante-dixième anniversaire du Débarquement.

Elle parle parfaitement notre langue et son attachement à l'histoire et à la culture françaises est sincère. Tout cela, elle le doit à sa professeure de français, « Tony » – c'est un surnom, vous l'aurez compris.

Est-il besoin de vous tenir ici un laïus sur les pouvoirs de l'enseignant ? Nos parcours scolaires ont été faits de libertés et de contraintes, de méthodes et de compétences, de curiosité et d'attention. Un regard, un sourire peut-être, une présence, de l'émotion : l'apprentissage est avant tout une rencontre, ne l'oublions pas. De quelque côté que l'on se trouve dans ce processus – maître, élève ou famille –, il faut garder à l'esprit que la rencontre est réussie si chacun y met du sien. Et surtout que les enjeux de la transmission sont fondamentaux.

Quant à l'intérêt d'apprendre les langues étrangères, il est de plus en plus… évident. Et justement, nous risquons de passer à côté des vrais enjeux puisque nous assimilons l'acquisition d'une langue à un choix de carrière, à des opportunités professionnelles (trouver un travail est souvent plus facile si on maîtrise une autre langue, voire plusieurs, et parfois indispensable) et aux facilités pour se déplacer. Or il ne s'agit pas que de voyager à travers le monde, même si cette perspective n'est guère négligeable. Par la persévérance que cet apprentissage requiert, nous développons aussi nos capacités intellectuelles (concentration, mémoire, analyse…) tout en enrichissant nos connaissances culturelles et nos qualités humaines. Vous le saviez peut-être, mais il est toujours bon de se le rappeler. Parler et penser dans une autre langue nous ouvre l'horizon par les rencontres que cela rend possible. Enfin, notre esprit critique en sort renforcé par la possibilité que nous avons de confronter nos opinions à celles des autres. S'ouvrir aux gens d'ailleurs, et plus généralement à l'information que le monde met à notre disposition, donne à notre vision de la vie des couleurs jusque-là insoupçonnables. Si Elizabeth II a été depuis toujours si réceptive à la culture de notre pays, cela est dû en grande partie à la maîtrise qu'elle a de notre langue, maîtrise qui va de pair avec la curiosité, la sympathie et le désir de comprendre. Mais revenons à notre professeure de français…

De son vrai nom Marie-Antoinette de Bellaigue, cette aristocrate d'origine belge (!) avait donc enseigné le français aux princesses anglaises de 1942 à 1948. Ses qualités humaines, sa personnalité ont dû beaucoup jouer dans le succès de sa mission, autant que la pertinence du contenu de son enseignement. Il faut toujours plus que la compétence linguistique pour rendre attirantes la grammaire et les dictées. Mais il y a aussi un côté romanesque dans cette histoire, et il vient de l'époux de Marie-Antoinette : le vicomte Pierre de Bellaigue avait rejoint à Londres les Forces françaises libres. Et il semble que le général de Gaulle *himself* lui avait confié la mission d'espionner… les Anglais. Vous rendez-vous compte ? Le mari du professeur de français de la future souveraine était une sorte d'agent secret !

Quelle est l'origine de l'expression « la perfide Albion » ?

En France, on surnomme parfois l'Angleterre « la perfide Albion ». Ce n'est pas flatteur, bien au contraire. La formule ne vous est sans doute pas inconnue, mais savez-vous d'où elle vient ?

Le terme « Albion » (du latin *alba*, « blanc ») nous emmène très loin dans le temps, jusqu'à l'Antiquité, quand il désignait l'île d'Angleterre elle-même, en référence à la couleur éclatante de ses falaises sur la côte sud. Mais pourquoi « perfide » ?

Rendons-nous maintenant au XVIIe siècle, lorsque Bossuet (1627-1704), homme d'Église, orateur et écrivain français, a trouvé bon d'assigner cet adjectif peu flatteur aux habitants. Précisons toutefois que nos voisins d'outre-Manche se trouvaient être aussi nos rivaux à l'époque. Mais qu'est-ce qui lui avait pris ?

Les prélats dans le temps (et pas qu'eux !) étaient forts en latin, alors ils n'ignoraient pas le sens de *perfidus*, synonyme de « qui viole sa foi », « à qui on ne peut faire confiance ». Et je veux bien croire qu'après la bataille d'Azincourt on ne pouvait plus faire confiance à ces Anglais : ils avaient alors massacré les soldats français qui s'étaient rendus, transgressant ainsi le code d'honneur de la chevalerie. Voilà dès lors Albion affublée de cette belle épithète…

Nous ne savons pas trop comment l'expression a traversé les siècles. Toujours est-il que c'est au XIXe siècle qu'elle s'est popularisée…

Célébrer le passé, honorer l'amitié : prenons exemple sur la reine d'Angleterre !

Du 8 au 11 avril 1957, neuf ans après son premier voyage, Elizabeth visite la France en tant que reine. Et c'est un succès. René Coty, le président de la République française, l'attend à Orly au pied de l'avion et la conduit au château de Versailles à bord d'une Citroën décapotable : elle séjournera au Grand Trianon. Un banquet fastueux est organisé dans la galerie des Glaces (les mets sont servis dans de la vaisselle de Sèvres…), puis la reine inaugure l'Opéra royal du château, dont la restauration a été, en partie, financée par la maison de Windsor. Le jour suivant, elle est reçue au Louvre, où elle visite la galerie d'Apollon. Mais le point d'orgue du séjour reste la croisière en « bateau-mouche » sur la Seine. Ce soir-là, 2 800 projecteurs, ainsi que les fenêtres illuminées des immeubles qui bordent les quais, éclairent le fleuve. Le peuple de Paris est venu la saluer : aux balcons, sur les ponts, le long des parapets…

On a choisi pour l'occasion le somptueux bateau de plaisance *G. Borde-Frétigny* (rebaptisé *Bretagne*, par la suite), qu'avait inauguré en 1954 Germaine Coty, l'épouse du président français (décédée une année plus tard, en 1955). Elizabeth, dont la sensibilité familiale est bien connue, s'attendrit en l'apprenant. Elle est à la fois émue et très heureuse de remonter le vieux fleuve, et en même temps l'histoire de ce pays qui l'a toujours passionnée. Devant le Louvre, les mousquetaires du roi ; au Solferino, les grognards de l'Empire ; le Vert-Galant ; Notre-Dame tout en lumière… D'un pont à l'autre se rappellent à elle les rois de France, dont certains lui sont proches : Normands, Angevins, Capétiens, Plantagenêts…

Cette croisière est unique par son faste, mais aussi et surtout grâce à cette courtoisie française qui s'est subtilement ajoutée aux autres « ingrédients ». La diplomatie française s'est montrée à la hauteur.

De Gaulle, l'« homme au passé mythique »*

Nous vivons tous, que nous en soyons conscients ou pas, au gré des valeurs que notre famille, la société ou notre expérience nous ont fournies au fil du temps. Selon notre âge ou la situation à laquelle nous sommes confrontés, ces valeurs s'ordonnent et se présentent devant nous afin de nous préparer à leur faire face ou

* Léonard Lièvre, *La Reine et les Présidents*, p. 40.

afin de nous aider à opérer des choix. Cette hiérarchie, plus ou moins subjective, n'est évidemment pas étrangère à l'idée générale que nous avons de l'Homme et de la société.

À ce propos, certains personnages historiques incarnent à nos yeux des qualités de grandeur qui, loin de nous laisser indifférents, nous parlent et nous élèvent. Charles de Gaulle en fait partie. Homme d'État exceptionnel, sa stature nous impose encore le respect, un respect que déjà à l'époque les Britanniques et leur reine ressentaient à son égard*.

Le père d'Elizabeth, le roi George VI, admirait le courage de de Gaulle et, en juin 1940, il l'avait reconnu comme résistant et lui avait accordé presque immédiatement sa confiance. De son côté, le Grand Charles était à son tour attaché à la famille royale britannique, qui l'avait aidé, et ces liens indéfectibles ont joué par la suite, alors qu'il était devenu le premier président de la Ve République française.

Seize ans après le débarquement de Normandie, de Gaulle revient donc en Angleterre avec l'autorité d'un président fort et influent. Je rappelle que la France, au début des années 1960, pesait de tout son poids sur le monde. Les prises de position de son chef sont alors claires et constantes. Cela pourrait d'ailleurs vous surprendre mais, au moment de cette visite – qui sera un grand succès –, de Gaulle s'opposait ouvertement

* Lors du décès du Général, tous les drapeaux du Royaume ont été mis en berne et des coups de canon ont été tirés dans le ciel de Londres.

à l'entrée du Royaume-Uni dans le Marché commun européen alors en cours de construction.

Malgré tout, l'accueil des Britanniques est très chaleureux. Chacune des parties avait soigneusement préparé cette rencontre, peaufinant le moindre détail. Elizabeth II décore de Gaulle du très prestigieux ordre de Victoria et lui ouvre le balcon d'honneur, donnant sur *The Mall*. Que demander de plus ? De toute évidence, aux yeux de Sa Gracieuse Majesté, le chef de la France libre n'avait pas de concurrent, il était « hors normes et hors concours* ». Le dernier jour de son séjour, le président français tiendra un discours mémorable devant les membres du Parlement dans le prestigieux Westminster Hall. Enfin, la visite se clôt avec la réception de la famille royale à l'ambassade de France, au 11 Kensington Palace. Le discours du président français est encore une fois parfait : un hommage fort et juste à la monarchie et au pays hôte. La reine est totalement sous le charme et – une fois n'est pas coutume –, quand elle quitte les lieux, son emploi du temps enregistre un retard de... vingt minutes**.

* Léonard Lièvre, *op. cit.*, p. 39.

** Afin de se faire une idée de la grande considération que les Britanniques vouaient à de Gaulle, évoquons brièvement la visite plus discrète effectuée une année plus tard par le couple présidentiel américain John Fitzgerald Kennedy et son épouse, Jacky, dans la capitale britannique. Ceux-ci avaient été reçus à Paris peu de temps auparavant et la reine, soucieuse de ménager l'orgueil de de Gaulle, n'a pas voulu laisser l'impression que Londres essayait de faire mieux que Paris. Une telle courtoisie vis-à-vis de notre pays est difficilement imaginable aujourd'hui.

Des fautes de protocole, de goût et d'orgueil : la dégringolade

Cependant, les temps changent, les hommes aussi. Ou plutôt l'inverse, mais qu'importe l'ordre puisque les résultats sont les mêmes. Dans le domaine diplomatique, ce vent de changement souffle également, balayant certaines coutumes et mœurs en vigueur depuis des siècles. Les subtilités se perdent, de l'indélicatesse et une certaine médiocrité se mettent en place. Il arrive de plus en plus souvent que les politiques et le personnel diplomatique manquent de finesse, de perspicacité...

Je vous paraîtrai sévère, mais je le dirai quand même : on ouvre de moins en moins de livres d'histoire, de philosophie, et même de littérature... Que voulez-vous, l'échelle des valeurs (éthiques, intellectuelles, affectives) est bousculée, l'époque est au profit à toute vitesse. Alors ne nous étonnons pas que des ministres déclarent sans ambages qu'ils n'ont pas le temps de lire. Ne nous étonnons pas non plus que les fautes de protocole se multiplient, ni que les « élites » ne soient plus ce qu'elles étaient.

Au fil des années, cette dégringolade (car c'en est bien une) est d'autant plus visible en suivant, d'un côté, le long règne d'Elizabeth II et, de l'autre, les différentes présidences de notre pays. Depuis les excellentes relations avec Vincent Auriol, René Coty ou Charles de Gaulle, il faut bien reconnaître que les choses ont beaucoup changé. La souveraine a traversé les années dignement avec ses sourires de plus en plus impénétrables et ses silences de plus en plus mystérieux.

Je vous laisse réfléchir aux codes du savoir-vivre entre nos vieilles nations et aux rapports diplomatiques actuels. Vous vous interrogerez peut-être également sur les différences de traitement des deux derniers présidents français (François Hollande et Emmanuel Macron), à qui la reine n'a pas cru bon d'offrir la visite d'État proposée traditionnellement à tous les chefs de la Ve République…

CHEFS ET SUBORDONNÉS : DES RELATIONS DE TRAVAIL

Les « grands chefs » sont rares. On peut avoir en tête quelques figures irréprochables, des images appartenant à notre histoire proche ou éloignée, ou venant de nos lectures. Ces personnes nous en imposent, nous inspirent, mais nous intimident… Elles brillent comme une lueur inespérée à l'horizon de notre idéal. Et puis il y a aussi les modèles de tous les jours, ceux que nous avons connus à un moment ou un autre, que parfois nous côtoyons encore : certes, ils ne sont pas parfaits, mais nous avons pour eux de l'admiration.

Nous rencontrons un peu plus souvent de « petits chefs » – ces personnages vaniteux qui endossent des costumes trop larges pour leurs épaules, qui abusent de leurs pouvoirs et dont les procédés de prédilection sont l'intimidation et la manipulation.

Cependant, nous contribuons tous, chefs et employés, à instaurer et à maintenir une ambiance saine au travail, même si le dirigeant ou le manager a à sa disposition des moyens plus importants pour ce faire. Alors que nous sommes dans l'une ou l'autre position, comment faire pour se protéger de tout excès et garder des relations harmonieuses au travail ? Voici quelques idées.

- Faites votre travail consciencieusement : c'est la prémisse pour vous sentir à votre place et vous assurer l'estime de l'équipe au sein de laquelle vous travaillez.
- Montrez-vous positif, ouvert, agréable avec vos collègues. Apprenez à les connaître et à les respecter.
- Écouter les autres avec attention (comme la reine d'Angleterre !). Une communication efficace commence toujours par de l'écoute. Cela vous évitera d'émettre des jugements hâtifs.
- Évitez de tout ramener à vous quand les décisions de vos supérieurs ne vous arrangent pas : essayez de prendre de la distance et de rester objectif.

- Ne jalousez pas vos collègues. Collaborer de manière efficace suppose un fair-play sans faille.
- Si, en tant que patron, vous avez des amis parmi vos employés, gardez le cap et traitez-les comme le reste de l'équipe : ni traitement de faveur ni exigences déraisonnables.
- Acceptez d'entendre un point de vue différent du vôtre.
- Dans une réunion, ne voyez pas dans votre collègue un adversaire s'il soutient une thèse opposée à la vôtre. Privilégiez toujours l'échange constructif, et gardez en tête qu'un vrai débat ne devrait pas faire de victime.

Tout cela paraît évident et simple à mettre en œuvre. Ça ne l'est pourtant pas toujours. Certaines personnes veulent avoir raison à tout prix et trouvent systématiquement les moyens pour s'imposer. Si vous avez à gérer la mauvaise foi d'un collaborateur, appliquez-vous à repérer ses stratagèmes afin de mieux les contrer. Commencez par des réponses remplies d'humour et d'ironie, pour lui faire comprendre que vous avez vu dans son jeu. Confrontez-le ensuite à des éléments factuels. Enfin, si la situation est trop complexe, vous devrez recourir à des moyens adaptés qui sortent du cadre de ce livre. Quoi qu'il en soit, restez souple, gardez votre sang-froid et votre sérénité. Votre vigilance aussi.

Never complain, never explain[*] : ***faire sienne la devise de la reine d'Angleterre***

Telle est la règle numéro un que la reine d'Angleterre s'est fixée au tout début de son règne et qu'elle a scrupuleusement respectée depuis. Cette conduite a été parfois mal comprise ou désavouée, mais dans l'ensemble elle a plutôt bien fonctionné. Surtout, elle s'est accordée à merveille avec toutes les autres règles du protocole royal, et Dieu sait que, des règles, il y en a à la cour britannique !

Avant de l'illustrer par des exemples, je vous ferai remarquer qu'il s'agit du conseil que la reine Victoria (1819-1901), l'arrière-grand-mère d'Elizabeth II, avait donné à son fils le futur Edward VII (1841-1910) quand

* « Ne jamais se plaindre, ne jamais s'expliquer. »

ce dernier était encore enfant. Curieuse consigne, ne trouvez-vous pas ? Et pourtant combien astucieuse, quand on y réfléchit : si on ne se plaint pas, on n'a pas d'explications à donner sur les raisons de notre mécontentement, ce qui a finalement pour résultat de limiter les déboires et les complications. Ensuite, nul besoin de s'expliquer, et encore moins de se justifier : d'abord parce que ce serait une marque de faiblesse, et puis parce que de toute façon cela ne servirait à rien. Vos amis ne vous demanderont jamais de le faire, tandis que vos opposants ne vous prendront pas au sérieux.

Si vous n'en êtes guère convaincu, permettez-moi de vous apporter des éclaircissements supplémentaires en vous relatant l'histoire de quelques désagréments (contrariétés ?) diplomatiques que Sa Majesté a connus lors de certaines de ses visites dans l'Hexagone.

Si Elizabeth II est célèbre pour son organisation et sa ponctualité*, ce n'était pas le cas du président Jacques Chirac. En 1996, en pleine crise de la « vache folle », l'Angleterre avait grand besoin de son voisin français pour la soutenir face à l'embargo européen** sur la viande bovine. S'ajoutait à cette raison économique la réputation de « gaulliste » qu'avait Jacques Chirac, et ce « détail » touchait particulièrement la reine dont la famille avait entretenu des relations privilégiées avec le Général. C'est pourquoi le président français en exercice

* Toutes les cérémonies sont soigneusement préparées (des semaines à l'avance !) et, une fois le programme établi, tout est respecté à la minute (parfois à la seconde) près.

** Cet embargo a, par ailleurs, été en bonne partie l'œuvre de la France.

se voit inviter par la monarque britannique, qui s'occupera personnellement de son séjour. Je vous passerai les détails (certains drôles, voire cocasses, d'autres un peu moins), mais on imagine sans difficulté le contraste entre les deux personnages : d'un côté, Jacques Chirac expansif comme nous le connaissons, envoyant des tonnes de baisers aux Londoniens venus l'accueillir ; de l'autre, Elizabeth l'imperturbable, se contentant d'un geste simple, discret et en même temps typique, le *Waving Queen* (la « vague de la reine »). La presse anglaise n'a pas manqué de souligner la discordance entre les deux chefs d'État. Mais l'impardonnable fut commis le soir où le président français arriva avec… un quart d'heure de retard au dîner royal. En cause (ou en guise d'excuse), une manifestation d'éleveurs bovins qui aurait encombré le trafic dans Londres.

Deux années plus tard, c'est au tour de la souveraine de venir en France pour l'inauguration de la statue de Winston Churchill, à Paris. L'événement eut lieu le 11 novembre, jour du quatre-vingtième anniversaire de l'armistice qui mettait fin à la Première Guerre mondiale. Il faisait beau et le programme de la matinée, bien ficelé, prévoyait, entre autres, le rallumage de la flamme du Soldat inconnu à l'Arc de Triomphe et un recueillement devant la statue de Clemenceau. La stupéfaction d'Elizabeth II fut d'autant plus grande lorsqu'elle ne trouva personne pour l'accueillir sur le perron de l'Élysée : Bernadette Chirac, visiblement pas prête, arriva avec… cinq minutes de retard, embarrassée. Comment réagit la reine devant ses excuses ? Eh bien, elle est restée calme et souriante : *Never complain, never explain…*

Élever la ponctualité au rang de politesse, comme la reine d'Angleterre

La ponctualité, justement, est-elle « la politesse des rois » ou bien « la vertu de ceux qui s'ennuient » ? La première assertion – merveilleusement bien tournée, il faut le reconnaître – est prêtée à Louis XVIII, une tête couronnée particulièrement soucieuse d'exactitude. L'autre a connu des variantes plus ou moins heureuses, dont je rappellerai la reformulation mi-sérieuse mi-amusée d'André Maurois : « Le retard est la politesse des artistes. » Quoi qu'il en soit, exalter ou s'opposer aux règles ne laisse pas indifférent.

Mais revenons à la ponctualité. Nous avons vu à plusieurs reprises au fil de ces pages combien la reine d'Angleterre était respectueuse des horaires et soucieuse d'honorer ses hôtes ou ses invités par une ponctualité irréprochable. Quant à vous, vous n'avez pas besoin de lire un livre pour découvrir que, même dans les cas où respecter l'heure exacte n'est pas obligatoire*, arriver à temps à un rendez-vous vous évite des situations difficiles et favorise l'estime de votre entourage. Je voudrais qu'on aille un peu plus loin que le simple précepte relevant de l'éducation ou de la coutume, et qu'on amorce une analyse de ce phénomène. Nous avons vu que les présidents peuvent se mettre en retard. Qu'est-ce que cela traduit ? D'où vient cette exigence de ponctualité, et même d'exactitude ? Où cela nous mène-t-il ? Faut-il corriger ce travers, s'il nous concerne ? Je me garderai bien de toute leçon directe, chacun devant tirer seul la conclusion qui s'imposera à lui. Ou pas.

Le temps est social. Nous le percevons différemment, certes, mais il n'empêche que sa mesure, sa représentation, son usage (sa pratique ?), sans parler de sa conception même, sont le résultat d'une longue élaboration collective. Ce n'est peut-être pas par hasard que certaines personnes sont toujours en retard. Et que d'autres ne le sont jamais (ou presque). À laquelle de ces catégories appartenez-vous, cher lecteur ? Êtes-vous fréquemment en retard ou arrivez-vous toujours à l'heure ? Ni l'un ni l'autre peut-être.

Mais qui sont donc les « retardataires » ?

Vous vous doutez sûrement que la politesse (dont la ponctualité n'est qu'un aspect) est une création culturelle. « Civilité » et « politesse » sont ainsi synonymes

* Il y a des situations où la ponctualité est indispensable : les horaires des transports, les heures d'examens, etc.

et désignent l'ensemble des règles qui régissent les relations sociales : des modèles de conduite (comme la bonne tenue à table, la courtoisie, la propreté et autres « bonnes manières ») applicables à différentes situations pour faciliter nos relations avec les autres.

Il n'est pas poli de faire attendre quelqu'un, qu'il s'agisse d'un proche, d'un ami, d'un collègue ou d'un inconnu. Dans un rendez-vous, celui qui attend s'agace toujours. Alors, le moins que l'on puisse dire, c'est que les retardataires ne sont pas appréciés : on les considère tout à tour comme égoïstes, arrogants, sans gêne, ingrats, individualistes, et j'en passe.

Mais la question semble être à prendre au sérieux, puisque même la science s'y intéresse. Ainsi, on a pu distinguer plusieurs types de retardataires : les « tête en l'air », ceux qui oublient leurs rendez-vous, pour qui le retard n'est pas un problème ; les *deadliner*, ceux qui ont besoin d'être sous pression pour travailler et tenter de tenir leurs délais ; les prolifiques, qui veulent accomplir trop de choses en un laps de temps trop court (et qui, de ce fait, n'y parviennent pas) ; les complaisants, qui se trouvent des excuses ; les « rationnels », qui n'admettent pas leur retard tout en n'arrivant pas à contourner le problème ; les anxieux, qui sont tentés de frauder ; les rebelles, pour qui le retard est une question de pouvoir sur les autres (et pour qui la ponctualité n'est donc pas une valeur).

On le voit, on aime de nos jours classer les comportements (et donc les gens) en les enfermant dans des cases, et on ne s'aperçoit même pas à quel point cela est réducteur et fallacieux. Il nous arrive à tous d'être en retard de façon épisodique. Cela n'a alors rien d'un mode de vie. Inutile donc d'en faire des tonnes si on vous a fait attendre une fois : ce n'est pas forcément un manque de respect. Tout dépend, comme toujours, des personnes et des circonstances. Mais si vous sentez que vous-même avez des problèmes d'organisation et que vous souhaitez les régler, voici quelques idées simples pour y remédier.

- Anticipez et planifiez vos rendez-vous en tenant un agenda, par exemple.
- Utilisez la technologie moderne (votre Smartphone !) pour vous mettre des rappels ou des alarmes.
- Prévoyez d'arriver en avance à votre rendez-vous.
- Rangez vos affaires à leur place pour éviter d'avoir à les chercher.
- Préparez vos affaires (vêtements, dossiers ou autres) la veille (surtout si votre rendez-vous est prévu pour le matin).
- Évitez de tout remettre au dernier moment.

FOLLOW THE WHITE RABBIT* !

Je convoquerai maintenant devant vous un personnage pressé, la figure même de l'impatience, à savoir le lapin blanc du roman *Les Aventures d'Alice au pays des merveilles* de Lewis Carroll. C'est parce qu'elle le suit dans sa tanière qu'Alice quitte la réalité pour le pays des merveilles.

Et on la comprend. Comment résister à la curiosité de talonner cet hurluberlu en redingote, qui

* « À la poursuite du lapin blanc ! »

consulte sans cesse sa montre à gousset en poussant des cris nerveux : « *I'm late ! I'm late !** » ?

Eh oui, dans la vraie vie comme dans la fiction, le temps, c'est sérieux ! On lui court après, on espère le dompter... Certes, la tâche est illusoire, mais nous y tenons tellement ! Alors, ce lapin pressé, éternellement en retard, intrigue. Mais le mystère de sa course sans fin se dissipe à peine – sa montre retarde de deux jours ! – que d'autres énigmes se profilent déjà, toujours avec de bons et de moins bons côtés, un peu comme la vie elle-même.

* « Je suis en retard ! »

Qui n'a pas le sens de l'humour n'est pas anglais !

« L'humour anglais souligne
avec amertume et désespoir
l'absurdité du monde.
L'humour français se rit de ma belle-mère. »

Pierre Desproges

Le droit de rire de tout – à commencer par soi-même –, est la règle chez nos voisins britanniques. Une philosophie de vie. Mme de Staël voyait dans ce trait si *British* « une disposition du sang presque autant que de l'esprit ». Il faut dire que, de l'autre côté de la Manche, les blagues se racontent de façon pince-sans-rire.

Ce style à part, fait d'autodérision, d'ironie, de sarcasme, cet humour insaisissable, irrationnel, désarmant, est résumé par un mot : *nonsense**. Toute l'œuvre de Lewis Carroll en regorge. Il ne vous aura peut-être pas échappé que le « pays des merveilles » est, entre autres, le lieu exquis d'un apprentissage linguistique : la petite Alice doit souvent répondre à des personnages grincheux ou extravagants. Confrontée à leurs discours sans queue ni tête, elle explore les subtilités et les paradoxes de la langue anglaise.

Les jeux de mots et les malentendus en tout genre sont l'expression de ce comique *British*. Et si je vous en parle, vous vous doutez bien que c'est parce que la reine d'Angleterre elle-même est connue pour manier l'humour avec art et plaisir. Alors, avant de prendre congé, quel meilleur moyen que de vous relater une ou deux anecdotes qui mettent en lumière l'humour espiègle de la reine tout en vous encourageant à vous laisser, à votre tour, prendre au jeu ?

La première a pour protagoniste George Bush père, en visite à Buckingham. Pendant qu'il échange avec la souveraine, son regard tombe sur un curieux plat en argent à trois pieds et il demande à son illustre hôtesse quelle en est l'utilité. La réponse de la reine, accompagnée de son sourire irrésistible, est… cinglante : « C'est vous qui me l'avez offert. J'espérais justement que vous me l'apprendriez. »

* Forme de comique assez particulière – en tout cas, qui n'est guère française –, le *nonsense* a connu son heure de gloire au XIXe siècle, avec l'ère victorienne. Nous serions tentés de le définir comme la représentation d'une réalité absurde. Mais il est beaucoup plus subtil. Le *nonsense*, c'est un balancement permanent entre présence et absence de sens, un décalage entre le ton sérieux du parleur et l'énormité de son propos, entre logique et extravagance…

Et en voici une autre, qui, je l'espère, vous amusera tout autant. Les visites officielles d'Elizabeth II en Écosse ne sont pas toujours sues par tout le monde. Ce qui peut donner lieu à de jolis quiproquos… Ainsi, il lui arriva une fois de saluer dans la foule un homme qui s'étonnait de sa ressemblance avec la reine d'Angleterre. Il trouvait que la dame en face de lui était même le portrait craché de Sa Majesté. Et la reine de lui répondre du tac au tac : « Eh bien, me voilà rassurée ! »

Les stars de la littérature : découvrir l'esprit British *par la lecture des œuvres littéraires*

Puisqu'on a déjà un pied dans le pays des merveilles – et avant de vous confronter au petit bilan final pour évaluer votre maîtrise des émotions –, je vous propose de découvrir ou de redécouvrir quelques autres personnages attachants à travers les œuvres incontournables de la littérature britannique.

Pour faire découvrir à vos enfants les valeurs de la vie et la poésie

Kenneth Grahame, *Le Vent dans les saules*

Beatrix Potter, *Le Conte de Pierre Lapin*

Lewis Carroll, *Les Aventures d'Alice au pays des merveilles*

Jonathan Swift, *Les Voyages de Gulliver*

Rudyard Kipling, *Le Livre de la jungle*

Pour mettre entre les mains de vos grands ados

Charles Dickens, *Les Grandes Espérances* ; *David Copperfield*

William Golding, *Sa Majesté des Mouches*

Jerome K. Jerome, *Trois hommes dans un bateau*

Pour se cultiver

William Shakespeare, *Roméo et Juliette* ; *Hamlet* ; *Othello* ; *Macbeth*... (et plus si affinités)

Virginia Woolf, *Les Années*

James Joyce, *Les Gens de Dublin*

John Milton, *Le Paradis perdu*

Pour se faire peur

Mary Percy Shelley, *Frankenstein*

Bram Stoker, *Dracula*

Oscar Wilde, *Le Fantôme de Canterville*

Edgar Allan Poe, *Histoires extraordinaires*

Robert Louis Stevenson, *L'Étrange Cas du Dr Jekyll et de Mr Hyde*

Pour se poser les bonnes questions

John Steinbeck, *Les Raisins de la colère*

Oscar Wilde, *Le Portrait de Dorian Gray*

William Makepeace Thackeray, *La Foire aux vanités* (époque victorienne)

Doris Lessing, *Mémoires d'une survivante*

Pour développer sa pensée critique

George Orwell, *1984*

Aldous Huxley, *Le Meilleur des mondes*

Graham Green, *Un Américain bien tranquille*

Arthur Koestler, *Le Zéro et l'Infini*

Pour les amateurs de polars

Arthur Conan Doyle, *Le Chien des Baskerville*

Agatha Christie, *10 petits nègres*

Arthur Conan Doyle, *Sherlock Holmes*

John Le Carré, *L'Espion qui venait du froid*

Pour vivre l'aventure

Daniel Defoe, *Robinson Crusoé*

Robert Louis Stevenson, *L'Île au trésor*

Charles Dickens, *Oliver Twist*

Malcolm Lowry, *Au-dessous du volcan*

Joseph Conrad, *Au cœur des ténèbres*

Pour retrouver un peu de romantisme

Thomas Hardy, *Tess d'Uberville*

Emily Brontë, *Les Hauts de Hurle-Vent*

Charlotte Brontë, *Jane Eyre*

Pour renouer avec l'histoire

Jane Austen, *Orgueil et préjugés*

Ken Follett, *Les Piliers de la terre*

Keith Lowe, *La Peur et la Liberté*
Jonathan Coe, *Expo 58*
Walter Scott, *Ivanhoé*

Pour renouer avec la magie
J.R.R. Tolkien, *Le Seigneur des anneaux*
C.S. Lewis, *Le Monde de Narnia*
J.K. Rowling, *Harry Potter à l'école des sorciers*

Et quelques inclassables géniaux pour combler ceux qui n'en ont jamais assez de lire
Graham Greene, *La Puissance et la Gloire*
A.J. Cronin, *La Citadelle ; Le Chapelier et son Château*
Doris Lessing, *Le Cinquième Enfant*
Jonathan Coe, *Testament à l'anglaise*
Salman Rushdie, *Les Enfants de minuit*
Lawrence Durrell, *Le Quatuor d'Alexandrie*

Bilan
Des émotions au contrôle de soi

« Ne réponds pas quand tu es en colère.
Ne fais pas de promesses quand tu es heureux.
Ne prends pas de décisions quand tu es triste. »

Ah, les émotions ! Peur, joie, tristesse, colère, dégoût et surprise : les émotions « de base », les premières que l'être humain connaît, sont complétées et nuancées par celles que les spécialistes appellent « secondaires », non moins ravageuses, à savoir anxiété, irritation, agressivité, colère, désespoir, etc. Au milieu de cette véritable « tempête », l'être humain s'efforce de naviguer du mieux qu'il peut, de garder l'esprit calme et de gérer ses penchants au gré des situations diverses et parfois complexes qui se présentent à lui.

Ainsi, canaliser ses émotions devient pour beaucoup d'entre nous un impératif fort, qui impacte tous les aspects de notre vie : affective, familiale, professionnelle.

Qu'en est-il pour vous ? Aimez-vous tout contrôler ou êtes-vous plutôt adepte de la spontanéité ?

Afin de mieux appréhender cette thématique de la maîtrise de soi, je vous propose une série de questions auxquelles vous devez répondre en toute sincérité. Reportez-vous ensuite aux synthèses qui suivent pour trouver celle qui vous correspond.

Si vous étiez un animal, vous seriez :

● (gai comme) un pinson

■ (féroce comme) un tigre

◆ (heureux comme) un poisson (dans l'eau)

Avec vos collègues, sur votre lieu de travail, vous désirez :

◆ entretenir des relations simples et saines

● nouer des relations amicales

■ vous sentir comme dans une grande famille

Parmi ces qualités, celle que vous revendiquez le plus est :

■ la rigueur

◆ l'intuition

● la disponibilité

Laquelle de ces expressions vous correspond le mieux :

● se battre contre des moulins à vent

◆ avoir la tête sur les épaules

■ être têtu comme une mule

Il vous arrive de crier pour :

■ imposer votre point de vue

● vous défouler

◆ Vous ne criez jamais.

Quel défaut vous dérange le plus chez vos proches :

◆ la brutalité

● l'égoïsme

■ l'incompétence

Si vous étiez un personnage de fiction, vous seriez :

■ Lady Macbeth

◆ Sherlock Holmes

● Mary Poppins

Pour vous, garder son sang-froid, c'est :

■ la clé de la réussite

● un objectif jamais atteint

◆ le plus souvent possible… si possible

On critique votre travail et cela vous déçoit :

◆ Tant pis, vous ferez mieux la prochaine fois !

■ Ils n'ont rien compris, vous vous débrouillerez pour qu'ils finissent par l'accepter.

● Vous ne pensez plus à autre chose tant cette critique vous décourage.

Une de vos amies a répété à tout le monde un petit secret honteux qu'elle ne devait garder que pour elle :

■ Vous lui faites savoir haut et fort ce que vous pensez de son comportement.

◆ Cette personne ne mérite plus votre confiance, vous supprimez son contact et l'oubliez au plus vite.

● Vous n'osez plus parler à personne et préférez rester chez vous.

Vous êtes témoin d'un passant qui fait un malaise :

■ Vite, vous sortez votre téléphone tout en pratiquant les premiers secours.

● Vous restez tétanisé en essayant de vous souvenir du numéro des pompiers.

◆ Ce n'est sûrement rien du tout, il va se remettre rapidement, et vous passez votre chemin.

Lors d'un parcours d'embauche, vous réussissez le premier entretien et êtes convoqué à un second entretien :

● Vous laissez exploser votre joie bruyamment et appelez tous vos amis.

◆ Vous savourez cette réussite et préparez déjà le prochain rendez-vous.

■ Vous vous méfiez, c'est peut-être pour vous poser de nouvelles questions-pièges : rien n'est encore gagné.

Vous avez une majorité de ■

Vous ressentez le besoin de tout contrôler : votre vie, et parfois celle de votre entourage. Vous n'essayez peut-être pas d'imposer à vos proches vos goûts et votre façon de vivre, mais le risque est présent. Vous devez veiller à ne pas franchir la ligne rouge afin de ne pas perdre l'amitié et le respect de ceux qui comptent pour vous. Et puis la vie sans un petit grain de folie et d'imprévu serait un peu fade ! Cessez un peu de vouloir tout contrôler, laissez la vie vous surprendre !

Vous avez une majorité de ◆

Vous agissez avec beaucoup de prudence, tout en respectant les autres et en leur montrant de la bienveillance. C'est un équilibre précieux : vous ne ressentez pas le besoin de tout contrôler et, en même temps, vous savez préserver votre espace vital pour que ceux qui vous entourent ne vous contrôlent pas non plus.

Vous avez une majorité de ●

Vous vous laissez vivre, sereinement mais aussi en prenant parfois des risques. En acceptant la vie « comme elle vient », vous n'essayez pas d'exercer un quelconque contrôle sur les autres. Vous n'avez pas peur de partager vos émotions avec eux sans tricher, et c'est tout à votre honneur. Toutefois, cela ne vous met pas à l'abri d'être vous-même contrôlé, voire dominé. La vie comporte des risques, certes, mais il vous revient de prendre les décisions qui vous concernent : ne vous laissez pas manipuler et tout ira bien.

Bibliographie/sitographie

BILHERAN Ariane, *Les mécanismes de la manipulation*, Larousse, 2012.

CARS Jean des, *Elizabeth II. La Reine*, Perrin, 2018.

CARS Jean des, *La Saga des reines*, Perrin, Pocket, 2012.

CLARKE Stephen, *Elizabeth II ou l'humour souverain*, Albin Michel, 2018.

CROZIER W. Ray, ALDEN Lynn E., *Mieux vivre avec la timidité et la phobie sociale*, Les Éditions de l'Homme, 2015.

LIÈVRE Léonard, *La Reine et les Présidents. De Vincent Auriol à Emmanuel Macron*, Les Éditions Konfident, 2021.

MACDONOGH Katharine, *Histoire des animaux de cour*, Petite Bibliothèque Payot, 2011.

RIVIÈRE Isabelle, *Elizabeth II. Dans l'intimité du règne*, Fayard, 2012.

ROCHE Marc, *Elizabeth II. Une vie, un règne*, Éditions Tallandier, 2016.

ROCHE Marc, *Elle ne voulait pas être reine*, Albin Michel, 2020.

SÉNÈQUE, *La Vie heureuse*, Arléa, 1989.

THALMANN Yves-Alexandre, *Le Décodeur des émotions. Développez votre intelligence émotionnelle*, Éditions First-Gründ, 2013.

Routard Angleterre – Pays de Galles, Hachette Tourisme, 2021/22.

* * *

https://www.akg-images.fr/archive/-2UMDHUY9Y6IK.html

https://www.cairn.info/revue-raisons-politiques-2011-4-page-97.htm

https://www.english-heritage.org.uk/about-us/search-news/pr-spooky-bolsover/

https://lelephant-larevue.fr/thematiques/sens-anglais-du-nonsense/

https://www.monde-diplomatique.fr/1957/04/KNECHT/22118

https://plume-dhistoire.fr/la-fistule-de-louis-xiv-loperation-du-siecle/

https://www.studocu.com/fr/document/universite-paris-8-vincennes-saint-denis/lecture-critiqlactualite/cours-lecture-critique-de-lactualite/2005419

https://test.psychologies.com/

Notes personnelles

Notes personnelles

Notes personnelles

Notes personnelles

Notes personnelles

Notes personnelles

Notes personnelles

Notes personnelles

Notes personnelles

Notes personnelles

Notes personnelles

ISBN : 9782380153682
Dépôt légal : janvier 2022
Achevé d'imprimer en janvier 2022 en Espagne par Liberdúplex